基于追赶的后发企业研发合作模式及知识创新过程研究

李伟保 著

中国财经出版传媒集团
经济科学出版社
Economic Science Press

图书在版编目（CIP）数据

基于追赶的后发企业研发合作模式及知识创新过程研究/李伟保著. —北京：经济科学出版社，2021.2
ISBN 978-7-5218-2400-1

Ⅰ.①基… Ⅱ.①李… Ⅲ.①企业管理-技术合作-技术开发-研究②创业创新-研究 Ⅳ.①F273②F270

中国版本图书馆 CIP 数据核字（2021）第 033991 号

责任编辑：李晓杰
责任校对：蒋子明
责任印制：范 艳 张佳裕

基于追赶的后发企业研发合作模式及知识创新过程研究
李伟保 著
经济科学出版社出版、发行 新华书店经销
社址：北京市海淀区阜成路甲 28 号 邮编：100142
总编部电话：010-88191217 发行部电话：010-88191522
网址：www.esp.com.cn
电子邮箱：esp@esp.com.cn
天猫网店：经济科学出版社旗舰店
网址：http://jjkxcbs.tmall.com
北京季蜂印刷有限公司印装
710×1000 16 开 11.75 印张 180000 字
2021 年 2 月第 1 版 2021 年 2 月第 1 次印刷
ISBN 978-7-5218-2400-1 定价：52.00 元
（图书出现印装问题，本社负责调换。电话：010-88191510）
（版权所有 侵权必究 打击盗版 举报热线：010-88191661
QQ：2242791300 营销中心电话：010-88191537
电子邮箱：dbts@esp.com.cn）

本书受到河北省省级科技计划项目"京津冀区域创新生态系统协同创新能力评价研究"（20557688D）、河北省高等学校人文社会科学研究项目"创新生态视角下科技成果转化模式研究"（SQ191007）、北华航天工业学院科研基金项目"后发企业研发合作中的知识创新及创新能力提升研究"（BKY-2018-31）的资助，为其阶段性研究成果。

前　　言

随着新兴产业经济国家的发展，后发企业的创新能力逐渐增强，越来越多的后发企业以实现对发达国家领先企业的追赶作为企业发展的重要战略目标。理论和实践表明，与领先企业的研发合作是后发企业实现追赶的一种重要方式，后发企业可以通过研发合作获得领先企业的先进知识，从而快速提高创新能力，加快追赶进程。虽然许多后发企业已经采取了研发合作的方式实施对领先企业的追赶，但相关的理论研究尚不成熟，尤其缺乏对后发企业研发合作的模式以及该模型下后发企业知识创新过程和创新能力提升过程研究。鉴于此，本书围绕装备制造业展开研究，聚焦后发企业如何通过研发合作实现对领先企业的追赶这一核心问题，在两家中国大型装备制造企业探索性案例研究的基础上，归纳出基于追赶的后发企业研发合作的模式，并分析该模式的知识链接机理及知识创新过程，为包括中国企业在内的后发企业通过与领先企业研发合作实现成功追赶提供理论参考和实践借鉴。

本书首先界定了基于追赶的后发企业研发合作的相关概念，分析了后发企业研发合作模式下的知识创新过程，并基于此构建了全书的理论分析框架。在界定基于追赶的后发企业研发合作内涵的基础上，分析了研发合作的流程和环节，明确了研发合作中核心知识与边缘知识的内涵，分析了基于追赶的后发企业研发合作模式的划分及特点，阐述了后发企业研发合作知识创新特点和知识创新的过程，并对研发合作中后发企业创新能力的提升与追赶的实现做了论述。在此基础上构建了研发合作模式及知识创新过程分析框架，为后发企业研发合作模式的提出及其

基于追赶的后发企业研发合作模式及知识创新过程研究

知识链接机理和知识创新过程的分析提供了理论基础。

从合作双方地位关系和合作知识领域两个维度划分了企业研发合作模式的四种类型，利用探索性案例分析得出了基于追赶的后发企业研发合作的模式。在划分企业研发合作类型的基础上指出基于追赶的后发企业的研发合作虽属于"传授"式的合作，但有其特殊性。为了探索后发企业研发合作模式的特殊性，利用两家中国大型装备制造企业与国际领先企业合作的案例进行了深入分析，发现后发企业首先与领先企业在其边缘知识领域进行合作，然后利用知识的溢出作用逐渐渗透到其核心知识领域，并通过对核心知识的吸收、整合和再创造促进后发企业内部的知识创新，进而提高创新能力。由此本书得出了基于追赶的后发企业研发合作的模式——"边缘—核心"型研发合作。

为了解释"边缘—核心"型研发合作的内在机理，基于知识链接理论分析了领先企业中边缘知识与核心知识可能存在的链接关系，并从知识地图的视角、运用集合方法演绎了"边缘—核心"型研发合作模式中边缘知识与核心知识的链接机理，最后运用企业实例进行了模拟和验证。在知识链接及其实现工具（知识地图）理论分析的基础上，得出领先企业边缘知识与核心知识之间可能存在同一性、隶属性和相关性的知识链接关系，从而推动了后发企业从领先企业边缘知识到其核心知识的渗透。运用知识地图和集合方法演绎了后发企业通过分享领先企业的边缘知识，利用边缘知识与核心知识的链接关系，最终得到领先企业核心知识的过程。引入东安与 GE 公司研发合作的实例，验证了研发合作中边缘知识与核心知识的链接机理。

在建立"边缘—核心"型研发合作模式下知识创新过程概念模型的基础上，对领先企业边缘知识共享、领先企业核心知识溢出和后发企业内外知识整合三个知识创新的主要阶段进行了分析。分析了后发企业如何通过正式与非正式的交流机制以及科学学习与经验学习机制分享领先企业的边缘知识，并强调了知识吸收能力的重要作用；在明确核心知识溢出的条件因素的基础上，分析了边缘知识共享到核心知识溢出的过程，并对核心知识溢出的路径和动力机制进行了阐述；提出了知识整合的平台，并分析了知识整合的过程和机制。通过对后发企业研发合作各个阶段的分析，发现"边缘—核心"型研发合作模式下的知识创新开始于领先企业边缘知识的共享，经过核心知识溢出这一重要阶段，进入后发企业内外知识的整合阶段，这一过程展现了"边缘—核心"型研发合作模式下知识创新过程的独特特点。

在理论分析的基础上，从动态角度对"边缘—核心"型研发合作模式下后发企业的追赶过程进行了仿真分析。系统模拟分析发现，研发合作过程中合作双方的知识共享量和溢出量经过小幅波动后上升；后发企业知识存量不断增加，创新能力持续提高，逐步缩小了与领先企业的知识势差。然而合作双方的知识势差缩小到一定程度后停止，表明研发合作不是后发企业实现追赶的最终方式，后发企业需要在研发合作的基础上切实提高自身的自主创新能力。

最后本书基于前面的理论分析，提出了后发企业通过与领先企业研发合作实现追赶的政策建议。后发企业在与领先企业研发合作的过程中要充分发掘知识之间的链接关系，保障和促进边缘知识到核心知识的成功渗透；要有意识地增加与领先企业的交流，促进其核心知识的溢出；要注重提高自身的知识吸收能力和知识整合能力，为其创新能力的提升打下基础；选择具有适当知识距离的研发合作伙伴是后发企业研发合作成功的前提条件。

由于个人科研能力有限，本书的研究尚存在诸多不足和不尽如人意之处，恳请读者批评指正。

李伟保
2021年1月8日

目录
contents

第一章　绪论 …………………………………………………………… 1

　　一、研究背景及问题提出 …………………………………………… 1

　　二、国内外研究现状 ………………………………………………… 8

　　三、研究目的及意义 ………………………………………………… 17

　　四、主要研究内容与研究方法 ……………………………………… 18

第二章　基于追赶的后发企业研发合作模式及知识创新过程分析框架 …… 22

　　一、基于追赶的后发企业研发合作的相关概念界定 ……………… 22

　　二、基于追赶的后发企业研发合作中的知识创新 ………………… 31

　　三、基于追赶的后发企业研发合作模式及知识创新分析
　　　　框架构建 ………………………………………………………… 42

　　四、本章小结 ………………………………………………………… 44

第三章　基于追赶的后发企业研发合作模式——探索性案例分析 ……… 45

　　一、基于追赶的后发企业研发合作模式的类型 …………………… 46

　　二、探索性案例研究——两家装备制造企业研发合作的
　　　　案例 ……………………………………………………………… 51

　　三、"边缘—核心"型研发合作模式的提出 ………………………… 63

　　四、本章小结 ………………………………………………………… 66

第四章 "边缘—核心"型研发合作模式的知识链接机理 …… 67

    一、知识链接及其实现工具 …… 68

    二、边缘知识与核心知识的链接关系 …… 72

    三、边缘知识到核心知识的链接机理 …… 74

    四、企业案例模拟 …… 82

    五、本章小结 …… 87

第五章 "边缘—核心"型研发合作模式下的知识创新过程 …… 88

    一、"边缘—核心"型研发合作模式下知识创新过程的概念模型 …… 89

    二、"边缘—核心"型研发合作模式下的边缘知识共享 …… 91

    三、"边缘—核心"型研发合作模式下的核心知识溢出 …… 97

    四、"边缘—核心"型研发合作模式下的内外知识整合 …… 111

    五、本章小结 …… 127

第六章 "边缘—核心"型研发合作模式下后发企业追赶过程的仿真分析 …… 128

    一、理论模型与仿真方法简介 …… 129

    二、后发企业追赶过程的系统动力学模型构建 …… 131

    三、模型假设和系统流图 …… 134

    四、方程构建和参数赋值 …… 137

    五、模型检验 …… 140

    六、仿真结果分析 …… 141

    七、仿真结论分析 …… 149

    八、本章小结 …… 151

第七章 结论及政策建议 …… 153

    一、主要研究结论 …… 153

二、后发企业实现技术追赶的政策建议 …………………… 155
三、本书的不足及有待进一步研究的问题 …………………… 157

参考文献 ………………………………………………………… 158

第一章

绪 论

一、研究背景及问题提出

进入21世纪以来,创新成为经济发展的主要动力。为在国际竞争中取胜,世界主要国家纷纷构建自己的创新发展战略,试图以卓越的创新能力占据国际竞争的制高点。中国于"十五"计划纲要中首次提出了建立国家创新体系,并将发展创新能力作为科技和经济发展的重点。企业作为国家创新体系的一个重要主体,在创新过程中扮演着十分重要的角色,企业创新能力的培养对提升国家整体创新能力具有举足轻重的作用。经过十几年的发展,我国在企业创新能力的培养和提升方面取得了重大进展。首先,在创新投入方面,国家研究与试验发展(R&D)人员全时当量和经费支出增长迅速,R&D人员全时当量从2009年的229.1万人年增加到2019年的480.1万人年,11年间增加了1.1倍;R&D经费支出则从2009年的5802.1亿元增加到2019年的22143.6亿元,增加了2.8倍(见表1-1),可见国家对创新能力的发展尤其是企业创新能力的发展十分重视。其次,在创新产出方面,企业研发投入也取得了良好的经济效益和创新成果,科技成果登记数和专利申请授权数近11年都有很大幅度的增加,尤其是专利申请授权数,由2009年的

581992 件增加到了 2019 年的 2591607 件（见表 1-2），上升速度之快显示了我国创新能力得到了良好的培养和快速的提升。

表 1-1　　2009~2019 年我国研究与试验发展投入情况

年份	R&D 人员全时当量（万人年）	R&D 经费支出 数额（亿元）	占国内生产总值比重（%）
2009	229.1	5802.1	1.70
2010	255.4	7062.6	1.76
2011	288.3	8687.0	1.84
2012	324.7	10298.4	1.98
2013	353.3	11847.0	2.08
2014	371.1	13015.6	2.03
2015	375.9	14169.9	2.06
2016	387.8	15676.7	2.10
2017	403.4	17606.1	2.12
2018	438.1	19677.9	2.14
2019	480.1	22143.6	2.23

资料来源：国家统计局网站：http://www.stats.gov.cn/。

表 1-2　　2009~2019 年我国科技成果情况

年份	科技成果登记数（项）	专利申请授权数（件）
2009	38688	581992
2010	42108	814825
2011	44208	960531
2012	51723	1255138
2013	52477	1313000
2014	53140	1302687

续表

年份	科技成果登记数（项）	专利申请授权数（件）
2015	55284	1718192
2016	58779	1753763
2017	59792	1836434
2018	65720	2447460
2019	68562	2591607

资料来源：国家统计局网站：http://www.stats.gov.cn/。

从国际上看，近20年来，我国发明专利数量不断攀升，占全世界发明专利数量的比例也在不断提高。表1-3显示了1985~2017年中国和美国的发明专利数量及占世界总量的比重。由此可以看出20多年来，美国发明专利从占世界25.32%降为17.63%，而中国发明专利则从占比极低提高到11.61%，追赶速度可见一斑。

表1-3　　　　1985~2017年中美专利数量及占世界的比重

年份	美国 数量（项）	美国 占比（%）	中国 数量（项）	中国 占比（%）	世界 数量（项）
1985	15891.1	25.32	108.5	0.17	62771.0
1986	16103.8	24.92	35.8	0.06	64633.0
1987	17441.4	24.38	50.4	0.07	71537.0
1988	18936.2	24.72	60.1	0.08	76612.0
1989	20658.9	25.51	61.2	0.08	80993.0
1990	22016.4	27.00	89.6	0.11	81539.0
1991	21856.8	27.08	77.4	0.10	80713.0
1992	22641.8	27.66	121.2	0.15	81845.0
1993	22960.0	26.87	123.6	0.14	85448.0

续表

年份	美国 数量（项）	占比（%）	中国 数量（项）	占比（%）	世界 数量（项）
1994	24146.8	27.02	146.9	0.16	89357.0
1995	26675.7	26.97	146.1	0.15	98901.0
1996	29780.0	26.64	198.1	0.18	111795.0
1997	32504.7	26.39	250.5	0.20	123152.0
1998	34679.6	26.48	338.0	0.26	130972.0
1999	38758.5	26.59	693.3	0.48	145787.0
2000	43279.1	26.05	1741.8	1.05	166138.0
2001	39960.9	24.72	965.6	0.60	161644.0
2002	45216.6	25.63	1743.2	0.99	176418.0
2003	38296.0	21.50	2189.8	1.23	178157.0
2004	39927.4	20.73	2963.9	1.54	192607.0
2005	41139.3	20.35	5072.9	2.51	202114.0
2006	39776.3	19.57	5490.1	2.70	203293.0
2007	38404.9	18.92	6842.3	3.37	202990.0
2008	36318.4	18.61	7738.8	3.97	195135.0
2009	36395.2	18.53	9300.0	4.73	196443.0
2010	38128.5	18.07	10824.4	5.13	211031.0
2011	41364.9	18.69	12733.5	5.75	221285.0
2012	43981.4	19.05	16177.9	7.01	230917.0
2013	48467.7	20.36	17994.4	7.56	238052.0
2014	45299.5	19.12	19339.6	8.16	236951.0
2015	45871.5	19.09	22239.0	9.26	240228.0
2016	46760.7	19.32	24628.1	10.17	242091.0
2017	31013.4	17.63	20413.3	11.61	175886.0

资料来源：http：//stats.oecd.org/viewhtml.aspx? datasetcode = PATS_IPC&lang = en#。

第一章 绪 论

依靠我国在企业创新能力培养和创新能力提升方面取得的重大进展，企业技术水平和创新能力正在迅速提高，尤其是一些高技术大中型工业企业已经具备了追赶发达国家领先企业的实力，并将追赶作为企业发展的重要战略目标。对于如何实现后发企业对领先企业的追赶，学者们根据世界范围内后发企业追赶的案例，总结出了后发企业追赶的路径。其中最著名的是韩国学者李基恩（Keun Lee）和林查松（Lim Chaisung）于2001年提出的三种追赶路径。

李基恩和林查松研究了新兴经济国家企业作为后发者对发达国家领先企业的追赶，并提出了三种后发企业追赶领先企业的路径：路径跟随式追赶、路径跳跃式追赶和路径创造式追赶。在路径跟随式追赶中，后发企业通常采取与领先企业发展路径一致的路径，但所用的时间比领先企业短；在路径跳跃式追赶中，后发企业跟随领先企业的脚步发展，但是会依靠后发优势跳过某些阶段，从而节省发展的时间；在路径创造式追赶中，后发企业先是跟随领先企业的脚步，待技术能力提升后，创造自己的发展路径。后两种追赶路径通常被解释为"蛙跳"。但是李基恩和林查松也指出，并不是所有这三条路径都能实现追赶。路径跟随式追赶，虽然在追赶初期会有一个快速的发展，与领先企业的技术差距迅速缩小，但是跟随者的技术能力并没有提升，因此发展到一定阶段后这种技术差距无法继续缩小，从而陷入了"跟随-落后-再跟随-再落后"的陷阱。而路径跳跃式追赶和路径创造式追赶伴随着后发企业自身创新能力的提升，因此可以成功地实现对领先企业的追赶，甚至赶超。

那么后发企业如何实现"蛙跳"呢？许多学者都将后发企业与领先企业进行研发合作视为一种有效的方式（Badaracco, 1991; Hobday et al., 2004; Bell & Figueiredo, 2012; Loukil, 2018; Brunetta F, Marchegiani & Peruffo, 2020）。与领先企业的研发合作可以通过频繁的交流与互动提高后发企业的创新能力，从而增加后发企业实现追赶的机会（Fan, 2006; Okamuro et al., 2011; Wang et al., 2014）；通过与领先企业的研发合作，后发企业可以获得领先企业的先进知识，逐步提高自身的创新能力，从而有能力选择一种不同于领先企业的发展路径，并有可能夺取领先一步的优势来实现追赶甚至赶超领先企业（Lee & Lim, 2001）。

在知识经济时代，知识成为"企业所拥有的、且唯一独特的资源"（Drucker, 1993），是企业核心竞争力形成的重要基础，是企业进行一切产品创新、服务创新和技术创新的源泉。然而，单一企业不可能拥有创新所需要的全部知识，随着市场竞争的加剧，越来越多的企业开始寻求外部知识资源，以不断的知识更新和升级来保持持久的竞争优势。一些学者研究指出，由于知识的隐性特征，建立合作联盟是企业寻求外部知识和技术的有效方式（Drejer & Jorgensen, 2005; Tsai, 2008; Camisón & Forés, 2011; Brunetta F, Marchegiani & Peruffo, 2020）。企业研发合作作为合作联盟的一种重要方式，对于获取外部知识资源、实现知识创新具有重要作用。后发企业可以通过与领先企业进行研发合作，吸收和利用领先企业的先进知识，通过知识创新提高自身的创新能力，从而缩小与领先企业的差距，实现追赶。

研发合作是两家或两家以上的企业为了共同目标（如开发新产品、过程创新等）整合各自优势资源，共同进行研发工作并共同分享研发成果的过程（Frenz & Ietto-Gillies, 2009; Huang & Yu, 2011; 马艳艳等, 2014）。然而在中国，由于中国市场的特殊发展历程，企业间的研发合作尤其是中国企业与国外企业的研发合作与一般意义上的研发合作存在区别。中国经济起源于计划经济体制，企业缺乏自主权，企业间的合作行为主要由政府主导，且以无偿的互帮互助为主，并没有建立在提高自身利益的基础之上，因此中国企业缺乏合作获利的经验。实行市场经济体制后，企业虽然成为独立的经济主体，但是研发能力普遍偏低，对外合作主要以技术引进为主，缺乏共同研发的能力。近年来，随着企业研发能力的提高，越来越多的中国企业已经具备了与国内外企业进行研发合作的能力，合作经验不断增加，合作获利越来越多，一些实力雄厚的大型企业已经开始与国际领先企业进行研发合作，以加速提高创新能力，尽快实现追赶。

第一章 绪 论

装备制造业是中国现代产业结构的核心,是国民经济和国防的基础,也是国家产业结构升级的重要途径和保障(陆军,2012)。利用其强大的带动效应,装备制造业的技术进步能够促进传统产业的全面改造,加速国家产业结构的调整和升级。自党的十六大确定加快发展中国装备制造业的战略决策以来,中国装备制造业在"十一五"期间获得了极大的发展,到 2013 年中国装备制造业总产值突破 20 万亿元,占全球比重超过 1/3,稳居世界首位。目前,中国装备制造业已经具备了一定的技术能力,一些世界先进水平的火力和水力发电机组已经贴上了"中国制造"的标签,中国装备制造业也有能力提供大型成套冶金、石油化工设备、世界级超大型油轮等大型设备。显然,中国已经成为装备制造业大国,但不可否认的是中国装备制造业总体技术水平仍与国际领先水平有较大的差距(Jin et al., 2014)。作为典型的技术密集型产业,创新及创新能力的培养在装备制造业发展中的作用日益凸显。因此,如何提高中国装备制造业的技术水平和创新能力、实现对国际先进装备制造企业的追赶成为中国装备制造业发展以及中国产业结构调整和升级面临的一个重要问题。近年来,一些有实力的中国装备制造企业开始与国际领先企业建立研发合作关系,试图通过研发合作获取其先进技术,提高自身创新能力。一些企业获得了成功,另外一些企业则以失败告终。为了探索装备制造业中后发企业与领先企业进行成功的研发合作的模式,本书选取具有研发合作经历的中国装备制造企业与国际领先企业研发合作的案例进行探索性案例研究,深入探讨装备制造业中后发企业与领先企业进行成功的研发合作的模式及其知识链接机理,并分析该模式下后发企业的知识创新过程与追赶过程,为装备制造业中的后发企业选择适当、有效的研发合作模式和通过研发合作实现对领先企业的追赶提供一定的借鉴。

二、国内外研究现状

(一) 后发企业的追赶理论

追赶是指新兴经济体的后发企业改进技术和市场能力,提高价值增值活动的过程(Lamin & Livanis, 2013),这一过程包括通过改进战略、结构、技术、系统、组织过程等重新定位自身以应对独特的环境(Kumaraswamy et al., 2012)。实践和理论研究表明,后发企业要实现追赶不能单纯依靠模仿,要走出"模仿—落后—再模仿—再落后"的怪圈,必须依靠创新。随着经济的发展,后发企业越来越接近领先企业的技术前沿,领先企业也越来越不愿意分享其技术;加之技术本身也愈加复杂,因而取得领先企业的技术变得更加困难。为了实现进一步追赶,后发企业需要成为创新者而非模仿者(Chang, 2014)。随着后发企业创新能力的发展,现有企业实践已经从引进、模仿逐渐向创新能力追赶这一重点转移(Dutrenit, 2004)。通过学习构建创新能力是后发企业缩短与发达国家企业技术差距的必要但不充分条件(Hobday, 2005)。日本和韩国的成功追赶表明,后发企业在引进技术的同时必须保持一定的自主创新能力,才有可能真正实现对领先企业的赶超(苔莎·莫里斯—铃木, 2002)。

随着经济全球化的发展,新产业经济国家与发达国家的差距越来越小,成功的追赶不再局限于对现有技术的采用,而跃迁至全面创新(Fagerberg & Godinho, 2005)。目前,实现全面创新的战略迭代分为两种:自主创新战略(Jacobs & Notteboom, 2011; Liu et al., 2014; Lee et al., 2014; Chuang, 2014)和合作创新战略(Tang & Hussler, 2011; Okamuro et al., 2011; Wang et al., 2014)。纵览自主创新的文献,后发企业实现追赶的方式主要涉及技术能力提升、学习与知识溢出、路径选择和机会窗口四个方面的内容；而合作创新理论则主要从对外直接投资、分包和研发合作三种方式讨论后发企业的追赶方式。国内外学者对于实现追赶的战略、方式及核心观点如表1-4所示。

表1-4　实现追赶的战略、方式、相关作者及其核心观点

战略	方式	作者	核心观点
自主创新战略	技术能力提升	杜特雷尼特（Dutrenit, 2004）；法格伯格和戈迪尼奥（Fagerberg & Godinho, 2005）；马佐莱尼和尼尔森（Mazzoleni & Nelson, 2007）；李基恩等（Lee et al., 2014）；张浩玉等, 2021	技术能力（而不是实物资本）的积累是实现追赶的关键因素；后发者通过吸收和应用先进者的先进技术进而提高其技术能力来实现追赶
	学习与知识溢出	霍布德（Hobday, 1995）；金（Kim, 1997）；恩斯特和金（Ernst & Kim, 2002）；马修斯（Mathews, 2002）；帕克和李（Park & Lee, 2006）；创（Chuang, 2014）；达什和德琳（Das & Drine, 2020）	学习先进者并获得和吸收其先进知识；外部先进者溢出的知识能够增加和更新后发者的知识库并促进追赶过程
	路径选择	霍布德（Hobday, 2000）；李和林（Lee & Lim, 2001）；法格伯格和戈迪尼奥（Fagerberg & Godinho, 2003）；李和科泽科德（Li & Kozhikode, 2008）；刘晓辉等, 2014	后发者追赶先进者的路径是：原始设备制造（OEM）—自主设计和制造（ODM）—自主品牌制造（OBM）；后发者可以选择"蛙跳"战略进行追赶，包括路径创造型蛙跳和路径跨越型蛙跳；竞仿比盲目模仿更能获得成功的追赶
	机会窗口	阿尔基布吉和彼得罗贝利（Archibugi & Pietrobelli, 2003）；尔斯和里德（Niosi & Reid, 2007）；雅克布和诺特伯姆（Jacobs & Notteboom, 2011）；哈特曼等（Hartmann et al., 2020）	技术经济范式转化的时刻成为后发者实施追赶的最佳时机，此时所有参与者都站在相同的起跑线上，而且进入壁垒相对较低

续表

战略	方式	作者	核心观点
合作创新战略	对外直接投资（FDI）	法格伯格和戈迪尼奥（Fagerberg & Godinho, 2003）；达米扬和罗杰克（Damijan & Rojec, 2007）；唐和赫斯勒（Tang & Hussler, 2011）	FDI能够促进部门重组和提高生产率，进而实现追赶；但由于外方大多投资于低端技术领域，且仅会在后发者吸收能力提升时才会随之提升，因此过度依赖FDI会使后发者陷入易受攻击和金融危机的境地
	分包	霍布德（Hobday, 2000）；李和林（Lee & Lim, 2001）；法格伯格和戈迪尼奥（Fagerberg & Godinho, 2003）；法恩（Fan, 2006）；拉西亚等（Rasiah et al., 2012）；李等（Lee et al., 2014）	后发者能够通过分包获得先进者的帮助；成功的分包能够更新和升级后发者的知识库，并提高其技术能力，从而为追赶做好准备
	研发合作	李和林（Lee & Lim, 2001）；法恩（Fan, 2006）；奥卡穆拉等（Okamuro et al., 2011）；王等（Wang et al., 2014）；穆勒等（Muller et al., 2018）；布鲁内蒂等（Brunetta et al., 2020）	与先进者的研发合作可以通过频繁的交流与互动提高后发者的技术能力，从而增加后发者实现追赶的机会

技术导向的观点关注对发达国家技术的吸收，技术导向的观点认为技术是可积累的、单向流动的过程（Figueiredo, 2010；Shan & Jolly, 2012）。通过实施不同类型的创新行为，新产业经济国家不仅可以模仿，更可以实现创新。适当的技术战略能够促进后发企业的追赶；渐进性技术战略更容易实现市场的追赶，而当企业的内部创新能力和外部系统能力不足时，根本性技术战略更容易获得技术的追赶（Zhang et al., 2021）。

为了通过创新实现追赶，任何内部知识和外部可得知识都是十分重要的（Mathews, 2002；Park & Lee, 2006）。内部知识基础能够增加后发企业的学习能力并促进外部先进知识的溢出（Chuang, 2014），因此获取和吸收外部知识是增加和更新后发企业知识基础的有效方式（Keller，2004）。以人力资源为支撑的知识能力、技术获取路径和技术吸收能力是后发国家成功追赶的关键（Das & Drine，2020）。

后发企业实现追赶有不同的路径，首先通过原始设备制造（OEM）发展为自主设计和制造（OBM），最后通过获取技术能力实现自主品牌制造（ODM），这是霍布德（Hobday）于2000年提出的一种典型的后发企业追赶领先企业的路径。李基恩和林查松识别了路径创造、路径跳跃和路径跟随这三种追赶路径，并将路径创造和路径跳跃定义为"蛙跳"。在路径跟随型追赶中，后发企业采用领先企业走过的路径来实现追赶，但所用的时间比领先企业短；在路径跳跃型追赶中，后发企业也采用领先企业走过的路径但会根据内部发展情况和外部条件变化而跳过某些阶段；在路径创造型追赶中，后发企业摒弃领先企业走过的路径而探索自己的追赶路径。但这三种路径并非全部有效，路径跟随型追赶虽然在初始阶段会快速缩短与领先企业的差距，但是到达一定阶段后便陷入"模仿—落后—再模仿—再落后"的困境，止步不前，永远无法实现赶超；而路径创造型和路径跳跃型追赶不仅可以实现后发企业与领先企业差距的缩小，在一定条件下终究超越领先企业。由此可见，路径跟随型追赶不可能促成后发企业在追赶竞赛中取胜，为了实现追赶甚至赶超，后发企业需要选择"蛙跳"，即路径创造型追赶或是路径跳跃型追赶。也有学者从另一个角度区分了追赶：竞仿和盲目模仿。竞仿更加灵活，而盲目模仿过于死板，竞仿比盲目模仿更能实现后发企业对领先企业的追赶（Li & Kozhikode，2008）。

机会窗口理论强调后发企业实现追赶的时机（Archibugi & Pietrobelli，2003；Niosi & Reid，2007；Jacobs & Notteboom，2011；Hartmann，Zagato，Gala & Pinheiro，2020）。新技术经济范式的出现就是一种典型的机会窗口。在新技术经济范式出现时，后发者与领先者都站在相同的起跑线上，参与一场公开、公平的竞争，解除了进入壁垒的束缚，后发者可以通过蛙跳迅速搭乘新技术经济范式的浪潮实现对领先者的技术超越。

除了自主创新，合作创新也大有发展的余地。外商的对外直接投资

（FDI）对于调整后发企业的生产结构和提高生产效率十分重要。但是由于外方大多投资于低端技术领域，因此过度依赖 FDI 会抑制高和中高技术产业生产率的提升。另外，外部金融的进入对实现追赶有重要作用，但繁重的债务会使后发企业陷入易受攻击和金融危机的境地，如20世纪90年代末韩国爆发的金融危机（Damijan & Rojec，2007）。

分包也是实现追赶的重要手段（如韩国和中国台湾的追赶）。通过 OEM 合约，领先企业在设备、管理人员培训、工程师和技术人员支持、生产、融资和管理等方面对后发企业予以帮助（Hobday，2004）。分包合约更新的过程就成为后发企业升级自身知识库进而提高技术能力的过程。

研发合作是实现追赶的另一重要方式。后发者与先进者进行研发合作，可以通过频繁的交流与互动提高后发者的技术能力，从而增加后发者实现追赶的机会。李基恩和林查松认为研发合作是后发企业实现"蛙跳"的有效方式，他们以韩国 CDMA 公司为例，论述了该公司通过与美国一家公司合作研发从而提高了自身的技术能力，并认为研发合作中人与人的互动是基于技术的合作安排成功的关键。

（二）基于追赶的后发企业研发合作

对于后发企业如何追赶领先企业，新产业经济理论做了大量研究。李基恩和林查松认为新产业经济国家作为后发者通过吸收和利用领先者的先进技术实现追赶。而且，随着新产业经济国家技术能力的增长，他们已经从使用和模仿领先者的先进技术发展为在此基础上的改进和创新。金林秀（Kim Linsu，1997）研究了追赶国家的技术能力提升的路径，指出追赶国家通过技术转移—技术引进—技术吸收—技术改进这一技术创新模式提高自身的技术能力，从而实现对领先国家的追赶。这些学者都直接或间接地指出先进技术的获得是实现追赶的前提条件，那么，如何从领先者那里获得先进技术呢？合作创新理论认为，研发合作能够为企业吸收外部知识提供条件，进而促进企业技术能力的提高和实现创新（Hobday et al.，2004；Bell & Figueiredo，2012）；对于由不同机构或国家的研发合作者组成的研发合作，虽然合作初期的创新绩效会受到团队成员多样性的负向影响，但是随着合作时间的延长，团队成员多样性的影响变负为正，会逐渐促进创新绩效的提升（Brunetta F, Marchegiani & Peruffo，2020）。李基恩和林查松的研究也发现，后发企业并不是通过知识和技术这些内生变量来实现追赶，而是通过与领先企业进行研发合作，如韩国 CDMA 公司就是通过与美国建立研发合作关系，获得外部知识，从而创造了自己独特的追赶路径，并得到了先走一步的优势，成功实现了追赶。这表明与领先企业的研发合作可能是后发企业获得其先进技术的一种有效途径。

与领先企业相比，后发企业虽然在知识水平和创新能力上处于劣势，但是在开放的市场经济环境下，后发企业拥有更多的知识资源获取途径和更多的可供借鉴的管理经验，依靠这些"后发优势"，后发企业能够大大缩短追赶领先企业的进程。为了利用"后发优势"获得领先企业的知识资源和管理经验，与领先企业进行研发合作已经成为许多后发企业的选择。知识并不像自由市场论所假定的那样可以自由扩散，相反它具有很强的独占性与排他性（Amsden，2001），因此紧密的研发合作成为获取领先企业先进知识的重要方式。在与领先企业研发合作的过程中，后发企业不仅可以获取大量的先进知识，更重要的是能够将领先企业的先进知识与后发企业内部知识整合起来，创造更多的新知识，从而提高后发企业的创新能力，实现对领先企业的追赶。

从实践来看，许多中国企业已经与国际领先企业进行了研发合作，如华为与德州仪器公司、摩托罗拉等建立了联合研究实验室，大唐电信与 TI、JAS 等进行联合研发活动。理论和实践表明，与领先企业进行研发合作是中国企业实现追赶的有效方式。

(三) 后发企业研发合作中的知识创新与创新能力提升

1. 研发合作与知识创新

在知识经济背景下,知识对企业发展的重要性已经形成共识。许多学者都指出,知识及知识创新是企业获取持久竞争力的重要因素(Hamel & Prahalad, 1990; Drueker, 1993; Edvinsson & Malone, 1997)。组织的核心竞争力来源于组织的知识,组织的知识能够协调组织中的各类生产技能,进而产生难以模仿和替代的能力,即组织的核心竞争力(Hamel & Prahalad, 1990)。管理学大师德鲁克(Drueker, 1993)从知识的独特性出发,认为企业运用各种独特性知识资源的能力构成了企业独特的竞争力,这种独特的竞争力只能发生在本企业特定的知识环境中,因而难以被模仿、复制和转移。也有学者认为企业竞争力的根本来源在于通过组织学习而积累起来的无法模仿和交易的知识,因此,后发企业要提高创新能力、实现对领先企业的追赶,首先应该注重对知识的学习和积累(Edvinsson & Malone, 1997)。

作为企业核心竞争能力的基础和来源,知识的获得与创新对企业的发展十分重要。但由于知识的隐性特征,建立合作联盟是企业学习对方知识和技术的有效方式(Kogut, 1988);合作创新不仅可以减少创新风险、降低创新成本,更重要的是可以获取外部知识以提升自身的创新能力(Badaracco, 1991)。研发合作作为一种独特的合作形式,对于企业获取合作伙伴的知识、促进自身知识创新和提升自身创新能力十分重要。与一般的企业间合作相比,研发合作更能拉近合作企业间的关系,无论是股权式合作还是契约式合作,合作的互动程度都较深,合作各方的知识共享程度也随之加深,这将更有利于企业利用获得的知识进行创新以提高自身的创新能力(Antonio Perianes – Rodriguez et al., 2011)。企业通过与外部主体的合作,不仅可以获得信息、技术和人才支持,更重要的是可以获得异质和互补的知识资源;知识在双方人员、技术和产品的交流中流动,带动显性和隐性知识的扩散和共享,为知识创新提供有力的支持和保障。伊奥安娜·卡斯泰利(Ioanna Kastelli, 2006)指出研发合作是一种通过组织间的交互作用而促进企业内部知识升级的有效组织形式,他还对企业研发合作知识创新方面的绩效进行了探索,结果表明研发合作促进了合作组织的知识创造、知识扩散和知识实现过程;并且企业的吸收能力是影响企业研发合作有效性的重要因素。研发合作对知识创新的促进作用主要从创新投入和产出两个方面展开(Ester et al., 2010)。创新投入方面,研发合作能够加速外部知识转移和转化效率,通过外部知识的利用增加内部知识创新资源;创新产出方面,研发合作激发了企业的外部能力,并将外部能力与内部能力结合,提高了知识创新的可能性。

2. 研发合作与创新能力提升

对于企业创新能力的定义,有广义和狭义之分。广义的创新能力可理解为产生创新绩效的潜力,包括企业的战略创新能力、技术创新能力和市场创新能力等;狭义的创新能力是指创造思想、使用思想以及思想商业化等能力(Dutta et al., 2005)。从知识基础观的角度看,广义和狭义的创新能力都强调知识产生和商业化应用。一些学者指出,企业创新能力的本质是嵌入创新要素常规行为过程中的高级知识,创新能力嵌入的过程有:选择创新源(搜寻和选择知识源)、获得创新源(获取知识源)、实现创新目标(集成、创造、利用新知识)的过程(Nelson & Winter, 1982; Eiseiihardt, 2000)。因此创新能力提升过程与知识创新密切相关。而研发合作促进知识创新的同时,也推动了创新能力的提升。企业研发资源的多寡和研发努力程度决定了企业技术能力提升的程度(李基恩和林查松, 2001)。与先进者的研发合作可以通过频繁的交流与互动提高后发者的技术创新能力,从而增加后发者实现追赶的机会(Okamuro et al., 2011; Wang et al., 2014)。一些学者在分析战略联盟合作中的技术转移时发现,知识和创新管理能够促进技术在战略联盟内部转移和转化,从而促进战略联盟创新绩效的提升

（Briones - Pealver，Bernal - Conesa & Nieto，2019）。胡树华（2008）提出企业应该根据研发合作的不同模式来选择集成创新的模式，进而提高企业创新能力。

（四）研究述评

国内外学者对于基于追赶的后发企业的研发合作展开了广泛研究，取得了多方面的研究成果，为本书的研究奠定了一定的理论基础。但是通过对国内外相关研究的回顾和分析，本书发现，虽然以往的研究明确指出研发合作是实现后发企业对领先企业追赶的一条有效途径，但是对于后发企业如何通过研发合作实现追赶没有进行深入探讨，尤其是后发企业研发合作的模式，以及该模式下后发企业如何进行知识创新并提高创新能力都没有得到应有的重视。

1. 基于追赶的后发企业研发合作模式

国内外许多研究都指出，除了自主创新外，研发合作也是后发企业实现追赶的有效途径，大量研究都证明了研发合作可以获得领先企业的先进知识，发挥后发企业的后发优势，实现对领先企业的追赶；但是相关研究并没有进一步深入探讨后发企业如何通过与领先企业的研发合作实现追赶，更缺乏对后发企业与领先企业研发合作模式的研究。以追赶为目的的后发企业与领先企业的研发合作区别于一般企业间研发合作的特点有哪些？应该采用什么样的合作模式来保证追赶的实现？这些问题都应在现有追赶理论和研发合作理论研究的基础上做进一步的探讨。

2. 后发企业研发合作中的知识创新与创新能力提升

在后发企业与领先企业的研发合作中，后发企业通过促进其知识创新和创新能力提升来实现对领先企业的追赶。学者们对研发合作促进知识创新和创新能力提升做了大量研究，认为研发合作可以获取伙伴知识，为企业知识创新提供充足的知识源，增加企业内部知识创新的机会；同时研发合作还能激发企业内外部能力，通过促进知识创新实现创新能力的提升。然而，研发合作对知识创新和创新能力提升的作用并没有放到后发企业追赶的背景下，在后发企业与领先企业研发合作的特殊情境下，后发企业的知识创新过程是否会发生一些变化？创新能力又是如何提高的？这些问题不进行深入研究将无法打开后发企业追赶的"黑箱"，从而无法对后发企业的追赶过程进行有效控制。

3. 后发企业的追赶系统

以往的研究从研发合作、知识创新、能力提升等角度对后发企业的追赶做了零散研究，如与领先者的研发合作可以通过频繁的交流与互动提高后发者的技术能力，从而增加后发者实现追赶的机会；外部领先者溢出的知识能够增加和更新后发者的知识库并促进追赶过程；技术能力的积累是实现追赶的关键因素等等。但是目前的研究尚缺乏后发企业通过研发合作促进知识创新、提高创新能力并实现追赶这一过程的系统的、动态的描述，没有将后发企业的追赶过程作为一个系统来进行研究，更没有识别这一系统中的关键变量，从而无法对后发企业如何通过与领先企业研发合作实现追赶提出建设性意见和建议。

三、研究目的及意义

与国际领先企业进行研发合作以实现对其的追赶已经成为有实力的后发企业的共识，但是研发合作的模式以及模式下的知识创新和创新能力提高的内在机理尚未出现深入的研究。这方面研究的匮乏使得后发企业在进行研发合作时处于盲目和迷茫状态，不利于后发企业追赶的实现。本书研究的目的就在于通过探索性案例分析归纳出中国装备制造业中后发企业与领先企业进行成功的研发合作的模式，并深入分析该模式下后发企业如何进行快速的知识创新，进而促进创新能力的提高，最终实现对领先企业的追赶。

本书在后发企业实现追赶的急切需求下，探索中国装备制造业中后发企业与领先企业进行成功的研发合作的模式，分析该模式下后发企业的知识创新过程以及通过创新能力提升实现追赶的策略具有重要的理论和现实意义。

1. 理论意义

本书将中国装备制造业中后发企业与领先企业的研发合作作为研究对象，从合作者关系的角度划分了研发合作的四种模式，并通过探索性案例研究得出了中国装备制造业中后发企业与领先企业研发合作的"边缘—核心"型研发合作模式，弥补了国内外对于后发企业研发合作模式研究的不足；从边缘知识与核心知识的关系角度出发审视了后发企业研发合作中的知识创新过程以及后发企业通过研发合作提高创新能力进而实现追赶的过程，丰富了研发合作、知识创新和后发企业追赶理论。

2. 现实意义

本书提出的中国装备制造业中后发企业与领先企业的"边缘—核心"型研发合作模式为试图通过与领先企业研发合作实现追赶的后发企业提供了借鉴；对后发企业研发合作中促进知识创新和创新能力提升的策略分析，为后发企业加速研发合作中的知识创新、迅速提高创新能力以及实现追赶提供指导和借鉴。

四、主要研究内容与研究方法

本书主要研究中国装备制造业中的后发企业如何通过与领先企业的研发合作实现追赶。后发企业与领先企业研发合作的模式是本书研究的一个重要内容，在此基础上分析了该模式形成的知识链接机理、该模式下后发企业的知识创新过程，并用系统动力学方法对该模式下后发企业

的追赶系统进行了仿真分析,识别了促进后发企业追赶的因素,并提出了相应的策略。主要内容具体如下:

1. 基于追赶的后发企业研发合作模式及知识创新过程分析框架

首先明确了基于追赶的后发企业研发合作的含义及其流程与环节,界定了后发企业研发合作中的核心知识与边缘知识,并分析了后发企业研发合作的模式划分及特点;接着对后发企业研发合作中的知识创新特点、知识创新过程和创新能力提升做了分析;最后基于以上理论分析提出了基于追赶的后发企业研发合作模式及知识创新过程的分析框架。

2. "边缘—核心"型研发合作模式的提出

在两个维度、四种模式分析的基础上,选取两家中国装备制造企业与国外领先企业进行研发合作的典型案例,探索性地提出了后发企业与领先企业的"边缘—核心"型研发合作模式,阐述了其主要内容和特点,并着重分析了其中的知识溢出、知识吸收、整合与创造。

3. "边缘—核心"型研发合作模式的知识链接机理

基于知识链接理论,从知识地图角度对"边缘—核心"型研发合作模式加以解释和验证,利用集合方法阐明了从边缘知识到核心知识的渗透过程,解释了"边缘—核心"型研发合作模式的知识链接机理,并通过企业实例对边缘知识到核心知识的链接机理进行了验证。

4. "边缘—核心"型研发合作模式下的知识创新过程

将"边缘—核心"型研发合作模式下后发企业的知识创新过程分为边缘知识共享、核心知识溢出以及企业内外知识整合三个阶段。分析了边缘知识共享阶段合作双方正式与非正式的交流方式;核心知识溢出的条件因素、溢出过程、溢出路径和动力机制;后发企业内外知识整合的平台、过程和实现机制。

5. "边缘—核心"型研发合作模式下后发企业追赶过程的仿真分析

建立后发企业的追赶过程系统并进行仿真，对系统进行静态分析和关键变量的动态分析，根据仿真结果识别了影响后发企业追赶的关键变量，并给出了后发企业实现追赶的策略。

为了实现研究目的，本书主要运用了以下几种研究方法：

1. 系统研究方法

基于追赶的后发企业与领先企业的研发合作是一个系统，其中包含了知识的流动、新知识的创造、创新能力的提高和知识势差的减小这样一条基本的闭合回路，因此本书运用系统研究方法分析基于追赶的后发企业与领先企业的研发合作的整体过程。

2. 案例研究方法

基于追赶的后发企业与领先企业研发合作模式研究至今尚不多见，缺乏足够的理论基础，因此本书选用探索性案例研究方法，从企业研发合作实践中归纳和演绎出后发企业与领先企业研发合作的模式，并采用了多案例研究，通过不同背景案例间的比较，发现更加一般化的结论，从而克服单一案例研究普遍性不强的缺点。

3. 理论推导方法

对于"边缘—核心"型研发合作模式的知识机理，本书采用了理论推导方法，从知识地图角度出发，运用知识链接理论和集合方法推导了边缘知识到核心知识的渗透机理，给出了"边缘—核心"型研发合作模式的理论解释。

4. 理论分析方法

本书运用理论分析方法分析了"边缘—核心"型研发合作模式下

后发企业的知识创新过程，对知识创新过程的三个阶段进行了详细的理论分析，明确了各个阶段顺利发展的条件、影响因素和实现机制。

5. 实证研究方法

本书最后运用系统动力学模型将"边缘—核心"型研发合作模式下后发企业的追赶过程进行了仿真模拟，发现了系统中各个变量间的相互作用关系，识别了影响创新能力提升和实现追赶的关键变量，并据此提出了后发企业通过与领先企业研发合作实现追赶的策略。

本书的技术线路如图 1-1 所示。

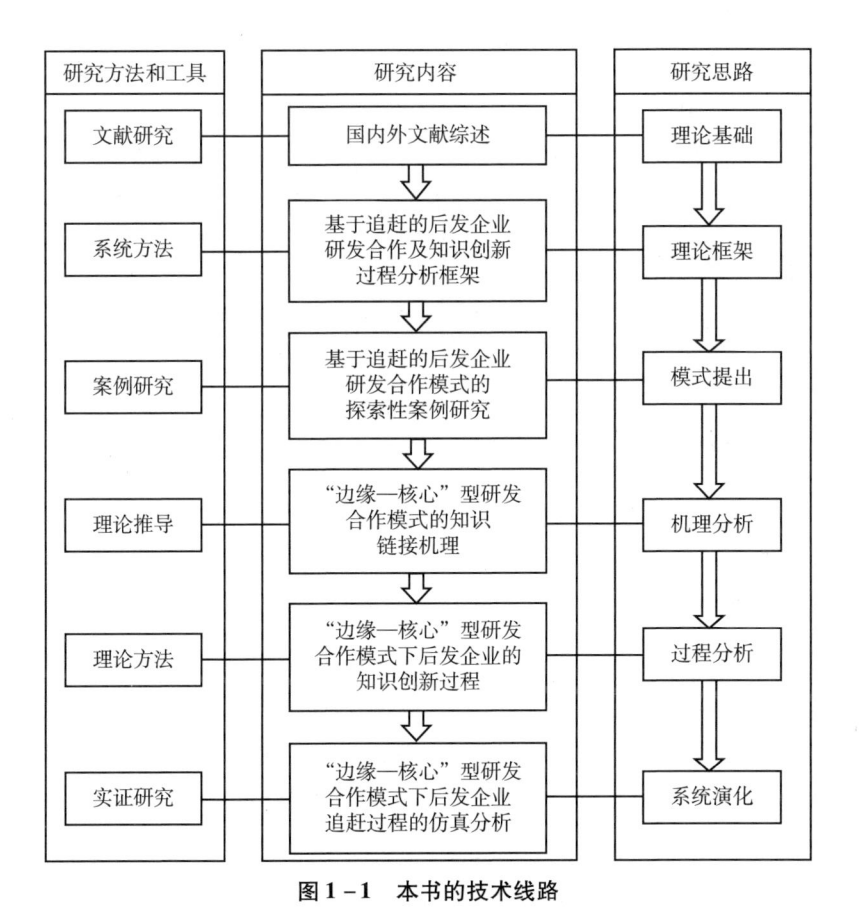

图 1-1 本书的技术线路

研究方法和工具	研究内容	研究思路
文献研究	国内外文献综述	理论基础
系统方法	基于追赶的后发企业研发合作及知识创新过程分析框架	理论框架
案例研究	基于追赶的后发企业研发合作模式的探索性案例研究	模式提出
理论推导	"边缘—核心"型研发合作模式的知识链接机理	机理分析
理论方法	"边缘—核心"型研发合作模式下后发企业的知识创新过程	过程分析
实证研究	"边缘—核心"型研发合作模式下后发企业追赶过程的仿真分析	系统演化

第二章

基于追赶的后发企业研发合作模式及知识创新过程分析框架

一、基于追赶的后发企业研发合作的相关概念界定

(一) 基于追赶的后发企业研发合作的含义

1. 后发企业的概念及其特点

学者们对于后发企业概念的界定,首先从技术和市场角度切入,而后逐渐转入对后发企业创新能力的关注。霍布德(Hobday,1995)最早从技术和市场角度界定了后发企业,认为后发企业是面临技术和市场两种竞争劣势的企业。第一,后发企业面临技术劣势。后发企业由于起步较晚,在技术、工艺和研发等方面都较领先企业落后;第二,后发企业面临市场劣势。后发企业所在的市场较为狭小和简单,这直接抑制了后发企业的规模化发展。由于这两种劣势的存在,发展中国家的后发企业在国际市场中的竞争优势远远落后于发达国家的领先企业。江诗松等(2012)也从技术和市场劣势角度出发,将后发企业界定为面临技术和

市场双重劣势并以追赶为目标的发展中国家国内企业。

之后,后发企业的含义逐渐融入创新与学习要素。马修斯和乔(Mathews & Cho, 1999)强调后发企业具有较强的学习能力,他们能够利用制度等各种条件来快速学习,提高其在生产、市场和技术等方面的能力,从而实现快速追赶的战略目标。但他们认为后发企业并不能成为创新者,后发企业只是善于利用各种资源的模仿者。马修斯(2002)又对后发企业定义进行了完善和补充,明确了历史条件是造成后发企业落后的一个重要原因;后发企业虽然面临资源匮乏的困境,但还是具有一些原始竞争优势,如低成本等,后发企业可以利用这些原始竞争优势提高其在国际市场上的竞争力。

近年来,学者们从创新能力角度充实了后发企业的内涵。菲格雷多(Figueiredo, 2014)从创新能力的角度出发,指出后发企业的典型特点是创新能力相对较低。由于市场和技术资源环境的恶劣,后发企业不得不在开始时采取模仿行为,缺乏对创新能力的培育。但是随着知识和能力的积累,后发企业能够依靠其有限的创新能力、通过模仿和使用来实现深层次的技术参与,从而增强技术能力,实施对领先企业的追赶(Bell & Figueiredo, 2012)。

根据学者们对后发企业含义的界定,本书总结了后发企业的特点:(1)后发企业是指在技术和市场上具有竞争劣势的企业,但这种劣势与历史条件有关(Mathews, 2002);(2)后发企业在开始时通常采用模仿和学习的方式获得外部知识,并逐渐积累创新能力;(3)后发企业经过一段时间的发展后能够建立起一定的创新能力,并最终从模仿转向自主创新;(4)后发企业将实现对领先企业的追赶作为战略目标;(5)后发企业拥有一定的原始竞争优势和后发优势,这是后发企业实现追赶的重要条件。

中国作为发展中大国,市场经济起步较晚,失去了技术和市场上的先发竞争优势。在这种国情下,中国企业依靠匮乏的生产资源和生产技术,从引进和模仿起步,经过几十年的发展逐步积累了大量技术知识,并拥有了一定的创新能力。在此基础上,一些实力雄厚的大中型企业已经逐渐抛弃了仿制的追赶路径，开始走向基于合作的自主创新能力培育的道路。截至目前，中国企业已经在多个高精尖技术领域拥有自主知识产权，中国企业对世界领先企业的迅速追赶已经成为经济全球化背景下后发企业追赶的典型。

2. 基于追赶的后发企业研发合作的概念和内涵

后发企业的追赶已经成为学者们普遍关注的对象（Lee & Lim, 2001；Dutrenit, 2004；Hobday et al., 2004；Chang, Chuang & Mahmood, 2006；Bell & Figueiredo, 2012），然而追赶的实现方式却没有得到学者们应有的重视。一些学者探讨了研发合作对于追赶的重要作用（Lee & Lim, 2001；Fan, 2006；Okamuro et al., 2011；Wang et al., 2014），但是基于追赶的后发企业研发合作的概念和内涵却没有得到明确说明。研发合作是企业之间或企业与其他社会主体之间以共同愿景为目标，融合各自的人力、财力和物力资源而进行的战略性合作（晋盛武和縻仲春，2003；邬爱其，2006）。研发合作的主体可以是企业，也可以是大学、科研机构和政府等；研发合作的客体有物质形态的新产品、新材料，也有虚拟形态的新工艺、新技术、新流程等（刘风朝等，2014）。研发合作能够实现合作各方包括知识在内的各类资源的获得和共享，这也恰恰是企业愿意进行研发合作的重要原因（Hmael & Prhaalda, 1990）。此外，由于企业的核心能力蕴含于企业知识中，通过研发合作进行的知识共享还是创造企业核心能力的有效途径（Bower, 2001）。研发合作不仅能够使参与合作的企业有机会分享联盟内其他伙伴的知识，还为参与合作的企业创造了重新审视和重组自己知识的机会，企业不仅能够获得外部新知识，还能创造内部新知识，从而有效增强企业的核心能力（Antonio Perianes – Rodriguez et. al., 2011）。

基于追赶的后发企业在研发合作的基础上明确了追赶的目的。马修斯和乔（1999）指出，追赶是后发企业的重要战略目标，后发企业进行研发合作，其目的就是实现对领先企业的追赶。同时，创新能力理论认为，后发企业虽然创新能力相对较低，但是通过模仿领先企业和使用

第二章　基于追赶的后发企业研发合作模式及知识创新过程分析框架

领先企业的技术可以逐步提高创新能力，为自主创新的实现打下基础（Bell & Figueiredo，2012；Figueiredo，2014），因此基于追赶的研发合作伴随着后发企业从模仿创新到自主创新的发展过程。

根据研发合作理论研究成果和企业研发合作实践，结合后发企业追赶的目的，本书界定了基于追赶的后发企业研发合作的概念和内涵。基于追赶的后发企业研发合作是指后发企业为了实现对领先企业的追赶，在新产品、新技术等研发中与领先企业进行合作，并借此获得领先企业的先进知识，促进后发企业内部的知识创新、提高创新能力的过程和活动。其中包括四个方面的内涵：第一，追赶意图。基于追赶的后发企业的研发合作必须以对领先企业的追赶为战略意图，后发企业不满足始终处于追随者的位置，与领先企业合作的最终目的是追赶甚至超越领先企业。第二，后发与领先的合作。后发企业研发合作的对象通常是在特定知识领域处于较高水平的企业，与后发企业相比处于领先地位。基于追赶的后发企业研发合作是后发企业与领先企业的研发合作，二者在特定知识领域所处的位置不同，存在一定的知识势差；而正是由于知识势差的存在，为知识在领先企业与后发企业间的流动提供了动力，推动了后发企业知识创新速率和创新能力的快速提高。第三，知识获取目的。后发企业之所以选择与领先企业进行合作，其一个重要目的是获取领先企业的先进知识。由于知识的隐性特征和领先企业的知识保护机制，通过购买等方式获取领先企业的先进知识越来越困难，后发企业必须选择与领先企业进行深入的研发合作来获取其先进知识。与领先企业的研发合作是手段，获取其先进知识是目的。第四，合作与自主创新结合。基于追赶的后发企业研发合作并不是以合作项目的完成为终结，后发企业实现追赶必须依靠自主创新能力的提升。因此后发企业与领先企业的研发合作过程伴随着后发企业内部的知识创新过程，后发企业通过获取领先企业知识加速企业内部知识创新，又依靠内部知识创新与领先企业进行更加深入的互动，从而形成了创新能力螺旋上升的过程。后发企业不再是领先企业的模仿者，而是具备一定自主创新能力的创新者；后发企业与领先企业的研发合作展现了后发企业从模仿者到创新者的转变。

（二）基于追赶的后发企业研发合作的流程及环节

1. 企业研发合作的流程

研发是新产品、新技术开发的一系列流程，研发流程管理研究者们将研发流程分为规划、产品发展与测试和商品化三个阶段（Hammer，1993；McGrath，1996；Cooper et al.，2001）。欧曼（Ullman，2009）认为研发流程是市场调查、概念化、设计和制造四个环节的循环过程，在这一过程中新产品被开发出来。田锋等（2010）开发了精益研发平台，运用精益研发方法统筹了从概念设计到产品试制的研发全过程。此外，机会识别、创意扫描、概念产生、设计和开发、测试和验证、试制和产品原型、投放市场等一系列研发环节也被纳入研发流程（Quan & Chesbrough，2010；Intekhab，2014）。本书主要关注新产品、新技术、新流程等的创造和实现过程，不涉及前期市场调查和后期市场化，因此本书将研发流程的环节界定为：创意产生、概念化、设计、开发、测试和试制，如图2-1所示。研发流程是一个有组织、有目的的系统，其中的各个环节相互联系、相互依赖，保证了研发目标的实现。在研发流程中，前端的环节可以对后端的环节产生影响，如产品设计的质量会影响其开发和试制的难度；后端的环节也会对前端产生影响，如测试和试制的信息会反馈到设计和开发环节，推动设计和开发的改进。这些影响作用主要是通过环节间的知识流动和传递实现的。

创意 ▶ 概念 ▶ 设计 ▶ 开发 ▶ 测试 ▶ 试制

图2-1 企业研发流程及其环节

2. 后发企业研发合作的环节

研发合作可以发生在研发流程的任何环节。一些企业与他们的上下游企业（如供应商和消费者）合作来获得新思想和创意，例如某电商实施了顾客导向的发展战略，通过调查问卷收集顾客体验；通过问卷分析得出顾客不仅追求产品和服务的质量，对客服的态度和交流的流畅性和友好性也有很高的要求，一些顾客甚至乐于追求与其他顾客的交流与分享。通过此次调查，该电商将"关系"市场引入其商业模式中，并最终获得了成功（Rémy & Kopel，2002）。一些企业与研究机构、大学和公共机构合作来设计和开发新技术，如1991年，美国Hoechst-Celanese公司与罗格斯大学及北卡罗来纳州立大学合作进行神经学、动物健康和高分子聚合物等方面的研究，经过企业与大学的深入交流，获得了大量生物和化学领域的突出成果；还有一些企业与竞争对手共同测试和试制，合作测试和试制更多地涉及可操作性的技术和诀窍，这对新产品的开发至关重要。20世纪90年代，海尔集团作为中国最大的家电生产厂家，曾与国际先进制造商如日本三菱公司、意大利梅格尼等合作研发液晶电视，通过合作海尔打破了相关领域的技术瓶颈并研发成功了较为先进的家电产品（许庆瑞等，2013）。研发合作虽然可以在任何环节进行，但是不同的环节涉及的知识不同，所以企业会根据自身需求对研发合作的环节进行选择。

（三）基于追赶的后发企业研发合作中的核心知识与边缘知识

研发合作中核心知识与边缘知识的划分以核心技术与辅助技术的划分为理论依据。周二华和陈荣秋（1999）将企业的技术分为核心技术和辅助性技术，核心技术是与企业主要生产经营活动相关的技术，是企业持续竞争优势的来源；辅助性技术是与企业核心业务相关的、对核心业务起辅助性作用的次要技术。谢雨鸣和邵云飞（2013）也区分了后发企业协同创新过程中的两种技术：主导技术和辅助技术。主导技术是企业竞争力的核心，体现着企业的总体技术水平和能力；辅助技术是企业核心竞争力形成的重要基础，与主导技术相互补充形成企业的核心价值。技术是企业整合和运用知识的能力（Yam et al., 2011；Figueiredo, 2014；Hansen & Ockwell, 2014），因此隐藏在核心技术和辅助性技术之下的是企业的核心知识和边缘知识。

核心知识是与企业核心技术直接相关的知识，可以是有形的技术知识，也可以是无形的隐性知识，但都是企业核心竞争力的根源；边缘知识是与企业辅助性技术相关的知识，虽然边缘知识对企业的战略重要性相对较低，但是边缘知识作为企业知识系统的一部分，对核心知识具有重要的支撑作用。核心知识的创新涉及知识体系的重构，需要系统地学习；边缘知识的创新虽然不会给企业带来根本性创新，但由于边缘知识是企业核心知识的支撑，边缘知识的创新有利于提高核心技术创新的效率。

研发是企业知识聚集、整合和创新的过程，研发流程中包含了大量的企业知识。一些研发环节会涉及企业的核心知识，另外一些研发环节则只涉及企业的边缘知识。然而，某一研发环节所涉及的知识类别并不固定，因为核心知识与边缘知识的界定是针对具体产品或技术而言的，不同的产品或技术其核心知识会存在于不同的研发环节中，从而出现同一研发环节在此项产品或技术的研发中涉及核心知识，而在另外一项产品或技术的研发中则仅涉及边缘知识。如汽轮机叶片研发的核心知识在设计环节，而飞机主减速器研发的核心知识则在试制环节。因此企业在选择研发合作的环节时要根据目标技术有选择地进行，研发合作的目标技术不同，企业选择合作的环节也不同。

由于合作双方关系的特殊性，后发企业与领先企业的研发合作有其独特之处，即二者只可能在涉及边缘知识的研发环节上合作。其原因有二：第一，领先企业出于对知识产权的保护和竞争优势的维护，避免在涉及核心知识的研发环节与后发企业合作；第二，后发企业与领先企业的技术差距也决定了二者核心知识无法匹配，从而无法在涉及核心知识的研发环节合作。因此，中国企业作为后发企业只能在涉及边缘知识的研发环节与国际领先企业进行研发合作。

(四) 基于追赶的后发企业研发合作模式的划分及特点

1. 企业研发合作模式的划分

对于研发合作的模式，不同的学者从不同的角度进行了划分。根据企业通过合作获得的收益和要承担的风险，一些学者将合作创新联盟分为五种类型，分别为用户联盟（customer alliances）、供应商联盟（supplier alliances）、竞争者联盟（competitor alliances）、互补性联盟（complementary alliances）和促进性联盟（faciliating alliances）（Chan & Heide，1993）。其中互补性联盟是指两个企业拥有相似的生产技术、不同的生产线，为了满足市场上多种产品的生产需求，互补性企业间的合作能够将双方的生产线集中起来开发新的技术和产品。互补性联盟也可以在大企业和小企业的合作中产生，大小企业的联盟可以为市场提供更多的创新，其中大企业提供必需的市场资源，小企业则提供创新性技术，市场创新就是他们这种协同作用的结果。促进性联盟是指企业与外部环境主体间的联盟，如企业与政府的联盟、企业与科研机构和大学的联盟等，这些外部联盟的形成有利于企业整合行业资源，或获得外部环境主体的资源以促进企业的创新。

根据组织内在化程度和组织间的相互依赖程度，研发合作组织模式可分为产权合作协议和非产权合作协议，产权合作协议是指合作双方共同出资组成具有独立产权的组织（如研发合资企业），根据合作双方的要求进行技术研发；非产权合作协议是指合作双方不成立独立的组织，而是根据合作协议进行研发合作（Narula & Hagedorn，1999）。产权合作协议拥有独立的研发机构，合作关系相对稳固和持久，因此适合重大的技术合作创新；而非产权协议由于相对松散，且合作双方不存在产权联系，相互依赖性较低，容易产生机会主义行为，因此更适合非核心技术的合作创新（罗炜和唐元虎，2001）。

根据研发合作双方对于股权的安排，研发合作的模式有股权式和契约式两种（许春和刘奕，2005）。股权式研发合作较契约式研发合作更为正式，合作双方投资成立共同的研发机构，由双方共同或第三方对该研发机构进行管理，合作双方对该研发机构享有共同的权益。契约式合作形式中不会形成合作研发机构，而是通过市场化运作，建立双方认同的契约，如共同研发合同等，并根据契约规定的内容展开研发。

根据研发合作主体构成，研发合作模式也可以分为不同的类型。研发合作的主体主要包括企业、大学和科研院所，于是产生了企业间合作、产学合作、学研合作、产研合作以及产学合作等多种研发合作模式（刘风朝等，2014）。而根据研发合作主体间的关系，又可以分为横向研发合作模式，纵向研发合作模式和网络研发合作模式，纵向研发合作模式存在于供应链上下游企业间（黄波等，2008），而横向研发合作模式则存在于有知识溢出的竞争企业之间（肖湘平等，2014）。

2. 后发企业研发合作模式的特点

学者们从不同的角度对研发合作的模式进行了划分（Chan & Heide，1993；Narula & Hagedorn，1999；许春和刘奕，2005；刘风朝等，2014），那么后发企业与领先企业的研发合作属于哪一种合作模式？这种研发合作是否有其独特之处？从企业研发合作的收益和风险角度看，后发企业的研发合作属于竞争者联盟，但与一般竞争者联盟不同的是，后发企业与领先企业虽然在市场上处于竞争关系，但是二者的竞争力相差较多，因此合作关系也与实力相当的联盟伙伴关系不同；从组织内在化程度和组织间的相互依赖程度角度看，后发企业的研发合作属于非产权合作协议，后发企业与领先企业没有建立合资机构，而是根据合作协议进行合作研发；从股权角度看，后发企业的研发合作属于契约式研发合作，但合作双方的契约内容却独具特色，鉴于后发者与领先者的身份，二者的权利、义务并不对等，契约中往往对二者的关系有特殊规定；从合作主体构成和主体间关系角度看，后发企业的研发合作属于企业间的、横向研发合作,但是研发合作的主体并非实力对等的企业,而是后发者与领先者的关系,企业间的知识溢出以单向溢出为主。因此其合作模式也不同于通常意义上的横向研发合作。

由于后发企业研发合作模式的特殊性,现有的研发合作模式的分类并不能完全体现后发企业研发合作模式的独特之处,后发企业研发合作的模式还需要根据自身的特点进行有针对性的划分。

二、基于追赶的后发企业研发合作中的知识创新

(一) 后发企业研发合作中的知识创新的特点

企业研发合作知识创新是企业间的合作创新,必然有不同于企业内部知识创新的独特之处。

从知识创新方式上看,企业内部知识创新的组织边界十分清晰,企业内部与外部的信息和知识交流完全阻断,主要依靠企业内部创意展开知识创新行为(亨利·切萨布鲁夫,2005)。内部知识创新的成果受到严密保护,其他企业无法获得,从而限制了核心成果在产业间的扩散(West,2006)。研发合作知识创新打破了合作企业间的组织边界,利用充分的信息和知识交流获得各合作主体的创意,通过各主体的互动、整合和协同共同实现知识创新,并将知识创新成果在合作企业内部共享(王艳子,2010)。

从知识创新过程上看,典型的知识创新过程包括知识获取、知识流转、知识整合和知识固化存储四个阶段(Huber,1991;Slater & Narver,1995)。虽然企业内部知识创新和研发合作知识创新都包含这几个阶段,但每个阶段的含义不同。知识获取阶段,企业内部知识创新是从企业内部获取知识资源,研发合作知识创新是从合作伙伴那里获取知识资源;知识转移阶段,企业内部知识创新是企业内部各个部门或专业领

域间的知识转移,研发合作知识创新则是跨部门、跨专业领域和跨组织边界的知识转移;知识整合阶段,企业内部知识创新是将创造的新知识与企业原有知识进行整合,研发合作知识创新更多的是将企业内部知识与获得的合作伙伴的知识进行整合;知识固化存储阶段,是将整合的新知识通过应用内化于企业知识库中。

从知识创新机制与效果看,企业内部知识创新是整合企业内部资源、协同企业内部人员创新行为的封闭式、单环学习与创新(Argyris,1977;Shane,2000),具有明显的路径依赖性和自强化特征,通过企业内部知识创新,企业所拥有知识的专业化程度越来越强,组织知识深度增强但宽度不足(亨利·切萨布鲁夫,2005);研发合作知识创新不是企业内部知识创新的简单叠加,而是合作双方系统整合互补资源、发挥双方人员协同效应的开放式、双环学习与创新(McKee,1992;Cara et al.,2009),存在反馈和再学习的复合创新过程,通过研发合作企业不仅能够增加知识的深度,更能扩展知识的宽度(West & Gallagher,2006)。

从知识创新环境上看,企业内部知识创新拥有相同的组织内部环境,创新领导和成员共享相同的企业制度、企业文化和价值观,且领导与成员之间都彼此熟悉,不存在相互了解和适应问题,知识创新的组织条件良好;而企业间的创新合作首先要解决的一个难题就是组织融合问题(Antonio,2011),跨越组织边界的合作创新需要搭建彼此沟通的平台,建立知识顺畅流动的网络,熟悉彼此的企业制度和文化,消除陌生感和对立感,更重要的是建立统一价值观念和相互信任,以减少合作创新中的冲突和负向作用(Rempel & Holmes,2006),提高合作创新绩效。

(二) 后发企业研发合作中的知识创新过程

从知识管理的角度出发,许多学者对知识创新过程做了研究。休伯(Huber,1991)提出了典型的知识创新过程的四个阶段:知识获取,信息扩散，信息解释和组织记忆。之后的学者在休伯知识创新过程的基础上增加了其他阶段，如知识增补（Helleloid & Simonin，1994）、知识使用（O'Dell & Grayson，1999；Alavi & Leidner，2001）等。研发合作知识创新作为企业间的知识创新，除了具备知识创新的一般过程，还具有企业间的知识转移等阶段。因此研发合作中的知识创新除了企业内部的知识内化、知识外化和知识改进，还应包括企业从外部获得知识和企业内部知识释放到外部两个阶段（Tsai，2008）。王培林（2010）通过对华为知识创新历程的案例研究，总结出华为知识创新的四个发展阶段，首先是知识引进阶段，其次是模仿性创造阶段，再次是自主创造阶段，最后是内外互动式创造过渡阶段。孔凡柱等（2012）探讨了企业间合作的知识创新过程，并将显性知识的交流与共享、外部知识的内部化、新知识的整合和知识的外部化作为企业合作知识创新过程的几个阶段。后发企业在与领先企业进行研发合作的过程中，首先通过交流获得领先企业的知识；其次在交流与分享的过程中，后发企业还致力于促进领先企业先进知识的溢出，因为后发企业对领先企业先进知识的吸收和再创新才是其快速提高创新能力的关键；最后，后发企业将获得的领先企业的先进知识与企业内部知识相整合，从而创造出适用于企业自身的、更加先进的知识。因此，本书将后发企业研发合作知识创新的过程分为合作伙伴知识共享、合作伙伴知识溢出和企业内外知识整合三个主要的阶段。

1. 合作伙伴知识共享

研发合作相比企业自主研发最大的优势就是能够分享合作伙伴的知识资源，扩大知识创新的资源基础（Lin& Lo，2010；Maria et al.，2014）。研发合作能够有效获取合作伙伴的知识，一方面增加自身的知识存量，另一方面通过知识的增加来获取更多的企业能力，从而推动企业的发展（陈宇科，孟卫东和邹艳，2010）。

知识共享可以从知识本身和知识主体两个方面进行阐释。从知识本身出发，知识共享发生在隐性知识向显性知识转化的过程中，随着知识的社会化过程，组织的隐性知识逐渐转化成显性知识，从而变为可供群体共享的知识（Nonaka，1995）；可供共享的知识除了来自隐性知识，还来源于各类组织资源，将组织中的各类资源转化成知识并被人们所理解和利用也是一种知识共享过程（Ipe，2003）；在这两种情境下，知识共享的难点在于如何实现不同类型知识间的转化，知识转化成功与否决定了知识是否能够被共享（刘瑜和王建武，2008）。从知识主体出发，知识共享是指个人、团队、组织和组织间四个层面上的知识的交流与转移（Wang & Noe，2010；王艳子，2010；周永红等，2011）。知识的一个重要载体是人，知识的共享也基于人对于知识的认知，因此可以说知识共享其实质是人对于知识的共享。野中郁次郎（Nonaka）等人将知识主体分为个人、团队、组织和组织间四个层面，知识在这四个主体层面间的流转可以实现四个层面主体对于知识的共享，增加各个层面主体对其他层面知识的理解，不仅有利于增加本层面知识存量，更能促进层面间知识的整合和创造。本书所研究的研发合作知识共享属于组织间层面的知识交流与转移，参与研发合作的各个主体为了获得彼此的知识资源，通过各种形式的交流、跨越组织边界分享彼此的知识。通过知识共享，参与研发合作的各个主体可以吸收合作伙伴的价值性知识来弥补自己在某一方面的不足，并利用学习效应，提高企业内部成员的创新能力，从而获得较高的创新绩效（王娟茹，2009）。

但需要指出的是，在后发企业与领先企业的研发合作中，由于合作双方知识存量和知识质量都存在差距，知识主要从知识存量高的领先企业流向知识存量低的后发企业，而且领先企业分享给后发企业的知识一般为其边缘知识，对于其核心知识则保持保护的态度。对于特定的技术或产品而言，边缘知识是指不直接涉及该技术或产品核心价值，而是停留在核心价值外围的知识；边缘知识虽然不涉及企业的核心竞争力，却是企业核心竞争力形成的重要基础。核心知识是与企业核心技术和价值直接相关的知识，是企业核心竞争力的根源，与企业的生存与发展息息相关。在后发企业与领先企业的研发合作中，领先企业会有意识地保护自身的核心知识，而仅分享其边缘知识，后发企业无法直接获得其核心知识。但是由于边缘知识与核心知识共同构成了企业的知识体系,二者必然存在着难以分割的联系,后发企业可以利用这种联系从分享领先企业的边缘知识逐渐渗透到核心知识。

2. 合作伙伴知识溢出

知识溢出最早提出于经济学领域,作为外商直接投资的一种现象而存在(MacDougal,1960)。由于创新在经济增长中的重要作用,知识溢出逐渐与创新联系起来。知识溢出是从事模仿创新并从被模仿的创新研究中得到更多的收益(Griliches,1992)。知识溢出的特点可以从自愿性和补偿性两个方面描述。首先,知识溢出并不是知识溢出者自愿发生的,而是由知识的外部性和公共物品性等特征决定的;其次,知识溢出者溢出知识后难以得到应有的补偿,由于知识的公共物品属性,溢出的知识可以无偿或部分有偿地被知识接收者使用,知识溢出者得到的补偿远远小于溢出知识的应有价值(Branstetter,1998)。因此,对于企业个体来说,知识溢出会造成企业同等成本下的收益减少,而且面临被模仿、失去竞争优势的危险,不利于企业的发展;而对于地区来说,知识溢出能够促进地区知识存量的增加和知识质量的提升,因而许多地区政府将区域主体间的合作及其知识溢出作为形成地区创新能力和提高创新绩效的一种重要方式。

着眼于知识溢出带来的益处,越来越多的企业选择研发合作,通过研发合作中的知识溢出效应来实现知识创新的目的,从而提高竞争力。通过研发合作,企业可以增加合作伙伴知识的溢出量,迅速提高自身的知识存量,通过对溢出知识的学习和创新,为自身创新能力的提升打下坚实的基础(Westney & Sakakibara,1986;Rosenberg & steinmuelle,1988)。许多学者的研究都明确了企业间的知识溢出在提高回报和促进技术进步与创新等方面的重要作用(Plummer & Acs,2014;Shearmur et al.,2015)。

后发企业与领先企业进行研发合作也是充分考虑了知识的溢出效应。后发企业意图通过研发合作使领先企业的先进知识溢出,尤其是其核心知识。领先企业的知识溢出对后发企业尤为重要，后发企业能够依靠它提高自身的知识水平和能力，这是后发企业参与研发合作的根本目的，也是后发企业实现追赶的重要方式。通过研发合作中合作各方的交流，嵌入研发流程的领先企业的知识会溢出到后发企业中，并通过后发企业的学习过程迅速进入后发企业的知识库，并成为后发企业技术创新的重要知识基础（dela Tour et al.，2011；Wu & Mathews，2012）。领先企业的知识溢出还能促进后发企业创新能力的提高，进而缩小后发企业与领先企业的知识差距。

3. 企业内外知识整合

知识共享与知识溢出发生在研发合作企业间，而知识整合则进入企业内部。企业从研发合作伙伴那里获得的知识在这一环节将得到整理和升华，最终形成具有新的结构和内容的新知识，推动着企业的发展。知识是由多个知识元素组成的系统，系统包括知识元素和知识元素间的关系两个重要组成部分，因此知识的整合可以是知识系统内部知识元素的重新排列组合，也可以是新知识元素的融入。因此有学者从两个层面对知识整合进行分析，第一个层面是从现有的知识出发，认为知识整合是对现有知识的重新排列组合；第二个层面是从新的知识出发，认为知识整合是新知识对原有知识的改造和更新（Kogut & Zander，1992）。也有学者主要关注知识系统中知识要素间的关系，认为知识整合的本质是知识链接，不同的知识之所以能够整合而形成新知识是因为知识之间的链接关系；因此知识创新应该主要研究不同知识主体间的知识链接关系以及通过这种知识链接而进行的主体间的知识整合（Inkpen，1998）。中国学者对于知识整合的理解倾向于不同来源、形态、内容知识的集成，无论是隐性知识还是显性知识，无论是零散知识还是系统知识，都可以通过人脑的加工使之融合起来形成全新的知识（任皓和邓三鸿，2002；杜静，2003）。

知识整合既可以是原有知识系统内部结构的调整，也可以是新知识元素对原有知识系统的改造和更新，因此基于知识系统是否有新的知识元素加入，可以将知识整合分为内生型知识整合和外生型知识整合。内生型知识整合没有新知识元素加入知识系统，而是原有知识系统内部知识元素的重新排列组合。联系企业实际，内生型知识整合是企业利用内部知识资源进行的新产品开发、技术改进或经验积累与创意开发等。外生型知识整合是新的知识元素融入原有知识系统，并与原有知识系统内部的知识元素相互作用而产生新的知识元素，进而改造和更新原有知识系统的过程。外生型知识整合要求企业开放自身的知识系统，接纳或主动搜索外部知识元素，通过对外部知识元素的吸收和利用改造新企业内部知识系统，从而实现企业内部知识系统的更新和升级。企业通常采取引进人才、设备和与其他企业合作等方式来获得外部知识元素。然而，内生型知识整合和外生型知识整合并不是严格区分的，二者可以同时存在，并相互促进而发展。后发企业与领先企业的研发合作过程就是内生型知识整合与外生型知识整合的结合。后发企业通过与领先企业的研发合作获得后者的知识，并通过深入的交流与互动实现对知识的理解和吸收。这些理解和吸收的知识一方面能够对后发企业产生启发，激发后发企业对其内部原有知识的重新组合和再创新，另一方面也能与后发企业内部知识相结合，产生新的知识，从而提升后发企业的知识水平。可见，后发企业与领先企业进行研发合作，不仅可以实现内生型知识整合，还能实现外生型知识整合，从而大大增加后发企业的知识创新量，促进其知识水平的提高。

合作伙伴知识共享、合作伙伴知识溢出和企业内外知识整合作为后发企业研发合作知识创新过程的三个主要阶段，新知识通过这三个阶段的循环往复不断地被创造出来，极大促进了后发企业知识存量的增加、知识水平的提升和创新能力的提高。后发企业在与领先企业进行研发合作过程中，通过合作共享领先企业的边缘知识、溢出领先企业的核心知识并整合后发企业内外知识来实现知识的创新。通过与领先企业的研发合作，后发企业不仅能够通过领先企业边缘知识的共享获得其部分核心知识，还能将这些知识与企业内部知识整合并创造新知识，从而提高自身的创新能力，缩小与领先企业的差距，逐步实现对领先企业的追赶。

（三）后发企业研发合作中创新能力的提升与追赶的实现

1. 创新能力的概念与构成

创新能力是一种多维度的综合能力，以往的研究从创新内容和创新过程两个角度出发对其进行界定。从创新内容角度讲，创新能力附着于组织管理职能要素上，如组织内掌握专业知识的人员、技术系统、管理系统以及企业价值观。依据这种观点，一些学者将创新能力划分为技术创新能力、制度创新能力和知识创新能力等等。从创新过程角度讲，创新能力指创造思想、使用思想和思想商业化的能力，强调新知识的产生和过程。陈力田等（2012）整合了资源观、知识基础观、吸收能力观和动态能力观等理论视角，将创新能力的内涵界定为企业搜寻、识别、获得外部新知识，或发现已有知识的新组合，或发现知识的新应用，进而产生能创造市场价值的内生性新知识所需要的一系列战略、组织、技术和市场惯例。

无论是从创新内容还是创新过程角度界定创新能力，学者们都将创新能力与知识联系起来，认为知识创新是企业创新能力提升的基础，而创新能力又是企业实现知识创新所需要的以及通过知识创新获得的积累性学识，这种学识使得企业能够将多种生产要素整合起来，产生价值并推动企业发展。后发企业与领先企业的研发合作中，后发企业获取领先企业的知识并进行再利用和创新依赖于两个方面的能力：知识吸收能力和知识整合能力。知识吸收能力保证后发企业有效获取领先企业的知识并通过吸收纳入企业知识库中，增加企业知识存量；而知识整合能力确保了后发企业能够有效鉴别从领先企业获取的知识，并将其与企业内部知识融合进而改造企业内部知识和创造新知识。后发企业的知识吸收能力和知识整合能力不仅能够促进对领先企业知识的获取、吸收和利用，还能够推动后发企业内部知识的整合和创造，并在此基础上提升了后发企业的整体创新能力，加速了后发企业对领先企业的追赶。

第二章　基于追赶的后发企业研发合作模式及知识创新过程分析框架

（1）知识吸收能力。新古典主义理论认为，企业是对外部信号做出简单回应和处理的主体；企业不仅能够对外部信号做出回应，还具有自组织和学习的特性。面对外部刺激，企业能够调节自身来适应外部环境的变化，并通过持续的学习来提高自身的能力，以在快速变化的外部环境中获得生存和发展。在企业学习的过程中，企业对外部知识的理解和吸收是创造新知识、提高企业创新能力的关键（Gebauer et al.，2012）。许多学者证明吸收能力对提高企业知识能力和实现创新有重要作用（Zahra & George，2002；Becker & Dietz，2004；Yu，2013）。

科恩和莱文塔尔（Cohen & Levinthal，1990）首次从企业层面界定了知识吸收能力，即企业利用外部知识的能力。他们认为知识吸收能力包括对外部知识资源的获取，识别外部知识资源，同化并使用外部知识资源；企业知识吸收能力的形成发展与企业原有的知识基础密切相关。扎赫拉和乔治（Zahra & George，2002）将知识吸收能力划分为三种基本能力：识别外部有用知识的能力、理解和同化这些知识的能力以及实现商业化应用的能力。研发合作的效率取决于企业识别外部知识的价值、吸收和利用外部知识获得商业利润的程度。加洛吉罗（Caloghirou et al.，2004）识别了企业吸收能力赖以发展的两个重要元素：现有的知识基础和为推动技术能力发展而做出的努力强度。现有知识基础对于搜寻和识别现存问题以及积累和使用新知识来解决这些问题有重要作用；而努力程度则表示了企业成员为解决问题所付出的努力。

后发企业通过与领先企业研发合作进行知识创新，成功的一个关键在于能够吸收领先企业的知识。后发企业的知识吸收不仅包括对领先企业知识的获取，还包括对领先企业知识的识别和同化，将领先企业的知识同化为自己可以理解的知识后，加以利用来实现其价值。离开对领先企业知识的吸收，后发企业只是生搬硬抄领先企业的知识，不仅无法真正理解领先企业知识的价值，更忽略了领先企业知识在后发企业的适用性，无法给后发企业创造任何价值，只能造成大量的人力、物力和财力资源的浪费。

（2）知识整合能力。企业的知识整合能力对知识创新的效果有重要影响。在企业研发合作中，企业整合内部和外部获取知识的能力影响着其知识创新的数量和质量，从而决定了企业研发合作中的获益程度和自身创新能力提升程度。因此企业的知识整合能力对于企业获得研发合作的成功十分重要。

知识整合能力不是单个个体所具备的能力，而是个体相互作用所形成的系统所具备的整体能力。知识必须通过系统化工具、指导手册、人员沟通和组织间纵向与横向的连接才能发挥整合效应（Smith & Zeithaml，1996）。然而，系统化工具、指导手册只是知识整合效应发挥的基础，人员沟通和组织间的连接才是知识整合的关键。通过人员沟通和组织间的连接，分布于不同人员和组织中的知识可以经由系统化工具和指导手册等工具扩散到其他人员和组织中，为知识在人员间和组织间的整合提供保障（Grant，1996）。其中，利用符号、计划等程序化的系统工具将既有知识整合为新知识的整合方式主要涉及系统化整合能力；通过互动、沟通、教育训练等管理手段整合知识涉及互动协调能力；依靠惯例、价值观念、默契等非正式方式将隐含在人员头脑中的知识整合成新知识则主要涉及社会化能力。企业的知识整合能力就是系统化能力、互动协调能力与社会化能力的综合（De Boer et al.，1999）。当企业通过正式和非正式的社会化机制整合内外知识时，又产生了正式化整合能力和非正式化整合能力（Zahra & George，2002）。

后发企业由于发展时间短、知识积累不足，难以与领先企业直接抗衡，因此许多后发企业都选择了与领先企业合作的方式，通过获取领先企业的先进知识来加速自身的发展。在这种情境下，后发企业能否有效地整合获得的领先企业的先进知识与企业内部知识成为后发企业合作成功的关键。因此拥有较强的知识整合能力是后发企业与领先企业研发合作成功的保障。

2. 后发企业创新能力的提升与追赶的实现

后发企业创新能力的提升不仅表现为能够获得和吸收更多的领先企业的知识，还表现为能够将获得和吸收的知识与企业内部知识整合，创造出更多的、高水平的新知识。因此后发企业创新能力的提升有利于后发企业知识数量的增加和知识质量的提升，从而提高后发企业的知识势能，缩小与领先企业的知识势差，逐步实现追赶。

后发企业与领先企业的差距，归根结底是知识势能上的差距，即知识势差。知识势能借用物理学中物体"势能"的概念，将同一知识领域下企业主体所拥有的相关知识的存量作为其知识势能高低的标准。企业的知识存量包括知识数量和知识质量两个方面（杜静，2003），也有学者将知识存量划分为知识宽度和知识深度，并将二者的乘积视为知识主体之间的差异度（李莉，2008）。企业所拥有的知识存量决定了它在特定知识领域中的知识势能，而企业与其他企业在知识存量上差距则形成了企业间的知识势差。例如专利是知识的一种具体体现，那么专利的数量和专利的技术水平就体现了专利这种知识的势能；而两个企业所拥有的专利的数量和技术水平的差值就是这两个企业的知识势差。需要注意的是，知识势能是针对特定知识领域而言的，所处的知识领域不同，同一企业可能拥有不同的知识势能，如某企业在这一知识领域拥有较高的知识势能，但在另一知识领域中的知识势能可能会非常低。后发企业与领先企业之所以有不同的称谓，其主要原因之一就是二者在特定知识领域的知识势能不同。领先企业在特定的知识领域中掌握着高精尖的知识，而后发企业的知识则相对落后和狭隘，二者在知识数量和质量两个方面都存在着很大的差异，从而形成了知识势差。

缩小知识势差的主要途径是增加知识存量，即增加企业所拥有知识的数量和提高企业所拥有知识的质量。为了实现这一目标，企业需要进行持续而有效的知识创新。根据学者们的研究，知识创新能够促进企业创新能力的提升，反过来，企业创新能力的提升也是持续而有效的知识创新的重要保障。在企业创新能力的支撑下，持续而有效的知识创新一方面增加了企业的知识数量，另一方也提高了企业的知识质量，即扩大了企业的知识存量，企业的知识势能也随着上升，后发企业与领先企业的知识势差逐步缩小，后发企业距离追赶的目标也会越来越近。

总而言之，后发企业与领先企业的研发合作能够促进后发企业的知识创新和创新能力提升，进而实现后发企业对领先企业的追赶。后发企业在研发合作的过程中通过与领先企业进行广泛而深入的互动，获得其边缘知识和部分核心知识，为后发企业内部的知识创新注入了新的知识资源，加速了知识创新的速度和质量；后发企业知识创新速度和质量的提高产生了大量的、高质量的新知识，从而增加了后发企业的知识存量；后发企业知识存量的增加一方面提高了后发企业的知识势能，缩小了后发企业与领先企业的知识势差，加速了后发企业对领先企业的追赶进程，另一方面也为后发企业创新能力的提升打下了基础，从而进一步推动了后发企业的知识创新。这个过程就是后发企业与领先企业研发合作中后发企业创新能力提升及其所推动的后发企业对领先企业的追赶。

三、基于追赶的后发企业研发合作模式及知识创新分析框架构建

通过对基于追赶的后发企业研发合作相关概念的界定以及研发合作中知识创新过程的分析，本书的研究框架逐渐凸显出来，如图 2-2 所示。在追赶的驱使下，后发企业通过与领先企业进行研发合作来加速知识创新和创新能力提升进程，以期实现对领先企业的追赶。探索一种有效的研发合作的模式是后发企业成功的关键。后发企业在特定的研发合作模式下进行知识创新，提高自身创新能力，缩小与领先企业的知识势差，逐步实现追赶。全书可以分为四方面的主要内容：后发企业研发合作模式的探索、后发企业研发合作模式的知识链接机理、后发企业研发合作模式下的知识创新过程以及后发企业实现追赶的整个过程的仿真分析。

第二章 基于追赶的后发企业研发合作模式及知识创新过程分析框架

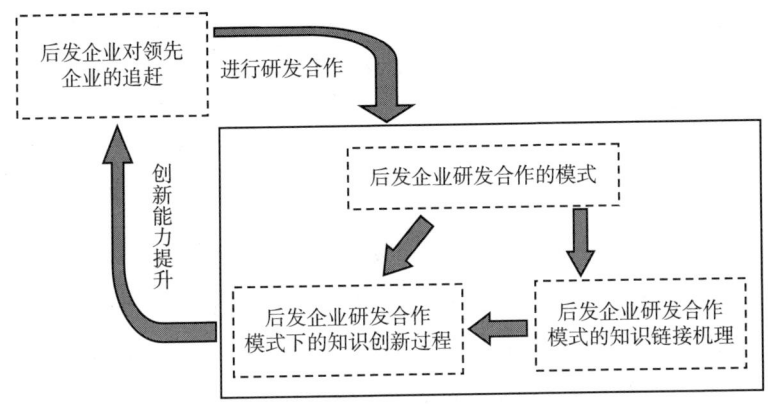

图 2-2　基于追赶的后发企业研发合作模式及知识创新过程分析框架

1. 后发企业研发合作模式的探索

由于后发企业与领先企业研发合作的特殊性,首先要考虑合作模式问题。目前关于以追赶为目的的后发企业与领先企业的研发合作模式的理论研究还比较欠缺,因此从中国装备制造企业与国际领先企业研发合作的实际出发,通过探索性案例归纳出后发企业与领先企业进行有效的研发合作的模式具有合理性和可行性,为研发合作模式的理论发展打下了基础。

2. 后发企业研发合作模式的知识链接机理

通过探索性案例得出的后发企业与领先企业研发合作的模式还需要理论和实证方面的解释和验证。本书基于知识链接理论,从知识地图角度出发,运用集合方法演绎后发企业从领先企业的边缘知识渗透其核心知识的过程,阐明后发企业与领先企业研发合作模式形成的微观机理,并运用企业研发合作的实例对该机理进行验证,为"边缘—核心"型研发合作模式的合理性和可行性提供了理论和实践论证。

3. 后发企业研发合作模式下的知识创新过程

后发企业与领先企业研发合作模式下的知识创新呈现出独特的特

点，其过程也与一般的知识创新不同。探讨后发企业研发合作模式下后发企业的知识创新过程有利于打开后发企业与领先企业通过研发合作进行知识创新的"黑箱"，发现其中的知识创新实现过程。

4. 后发企业创新能力提升、实现追赶过程的仿真分析

后发企业与领先企业进行"边缘—核心"型研发合作，该模式下后发企业不断从领先企业获得先进知识，与后发企业内部知识相结合进行知识创新，在这一循环往复的过程中后发企业的创新能力不断得到提升，与领先企业的知识势差也逐渐缩小。这一过程构成了后发企业对领先企业的追赶，对这一过程的仿真模拟能够发现系统运行过程中各个变量相互作用，从而识别出推动系统发展的关键变量。

四、本章小结

本章通过对相关文献的回顾和总结，旨在构建基于追赶的后发企业研发合作模式及知识创新过程分析框架。在明确基于追赶的后发企业研发合作的含义、流程及环节的基础上，界定了后发企业研发合作中的核心知识与边缘知识，并分析了后发企业研发合作的模式划分及特点；分析了后发企业研发合作中的知识创新过程，并对研发合作中后发企业创新能力的提升与追赶的实现做了论述。最后构建了基于追赶的后发企业研发合作模式及知识创新分析框架，为后发企业研发合作模式的提出及其知识机理和知识创新过程的分析提供了理论基础。

第三章

基于追赶的后发企业研发合作模式——探索性案例分析

随着经济全球化的发展，企业间的相互依赖性增加，研发合作作为一种在世界范围内整合资源、降低创新风险的有效方式越来越受到企业的青睐，无论是领先企业还是后发企业，都愿意与对方进行研发合作。对于后发企业来说，与领先企业进行研发合作可以在一定程度上共享其优质资源，优质资源共享得越多，后发企业的生产能力提高就越多。研发合作不同于企业内部活动的特点之一就是研发所创造的知识更容易溢出到合作伙伴，即使存在专利保护，合作伙伴间的知识溢出量也远比非合作伙伴间的溢出量多。因此，通过与领先企业的合作，后发企业可以更加直接和系统地吸收和利用领先企业的资源（Cellini & Lambertini, 2009），进而提高自身的技术能力，实现追赶。对于领先企业来说，出于技术保护，他们并不愿意与后发企业合作，但是与后发企业的合作却是打开后发企业国家市场的有效途径。一方面，领先企业需要后发企业的协助来实现其产品和技术的本土化以适应本地市场的需求；另一方面，后发国家为了保护国内市场通常对外商设置严格的进入壁垒，因此与本土企业的合作必然成为领先企业进入后发国家市场的一种选择。后发企业与领先企业各有所需，后发企业与领先企业的研发合作逐渐在世界范围内成为一种普遍现象。

一、基于追赶的后发企业研发合作模式的类型

与一般企业的研发合作相比，后发企业与领先企业的研发合作在合作主体、合作目的和合作方式上都有其特殊性，因此后发企业与领先企业研发合作模式也应进行针对性的分析。为了发现后发企业与领先企业的研发合作的特殊模式，本书从后发企业与领先企业研发合作的特点出发，对其可能存在的模式类型进行了划分。

（一）后发企业研发合作模式划分的维度

后发企业与领先企业的研发合作区别于一般企业研发合作的特点可以从合作双方地位关系以及合作的知识领域两个维度来分析。后发企业与领先企业在地位关系上呈现出明显的特征，对合作的知识领域也有特殊的要求，因此从双方的地位关系和合作的知识领域两个维度划分可以充分展现后发企业与领先企业研发合作模式的独特之处。

1. 研发合作双方的地位关系

研发合作双方地位关系主要包括平等的合作关系和非平等的合作关系，平等的合作关系是指合作双方在成本投入和产出所有权等方面都拥有对等的权利和义务，即合作双方的地位是平等的；非平等的合作关系是指合作双方在成本投入和产出所有权等方面所拥有的权利和义务不等，即合作双方的地位是不平等的。合作双方的地位关系不同，所形成的研发合作模式也不同。

平等的合作关系通常发生在具有相当的技术实力且互补性较高的竞争企业间，这些企业通常通过契约的形式结成合作联盟，集合各自优势实现技术创新，共同占领市场（秦斌，1998）。这种关系平等的研发合作主要有以下特点：合作双方拥有对等的技术实力和经营实力，合作中

也享受对等的权利和义务；研发投入方面，依据各自优势投入基本对等的研发资源；合作过程中优势相长、风险共担；要素在企业间双向或多向流动；研发成果共同占有。地位平等的企业间的研发合作同时具备"平等"和"创新"两个鲜明特点，因此本书将平等关系的研发合作称为"共创"式的研发合作。

非平等的合作关系一般发生在实力悬殊、各取所需的领先企业与后发企业间，这种合作通常由后发企业发起，并以学习领先企业的先进知识为主要目标。正如工作中的师徒制，经验丰富、技术高深的师傅带领徒弟进行工作和学习，传授知识和经验，成为徒弟掌握技能的重要途径。后发企业与领先企业的研发合作大多带有后发企业向领先企业学习的意味，因此本书将这种非平等关系的研发合作称为"传授"式的研发合作。

2. 研发合作的知识领域

合作的知识领域的不同也会形成不同的研发合作模式。企业的知识分为核心知识与边缘知识，核心知识是与企业核心技术直接相关的知识，是企业核心竞争力的根源；边缘知识是与企业辅助性技术相关的知识，对核心知识具有重要的支撑作用。企业在进行研发合作时，有些企业主要进行核心知识领域的合作，而有些企业则仅进行边缘知识领域的合作。这种划分是针对合作项目所涉及的知识类型而言的。根据合作双方知识资源的特性，一些实力相当的企业会根据研发目的选择在核心知识领域或边缘知识领域合作，而另外一些企业由于存在知识产权保护和竞争优势维护等方面的问题，仅选择在边缘知识领域合作，从而形成了不同知识领域的研发合作模式。

（二）双维度下后发企业研发合作模式的类型

根据合作双方的地位关系和合作的知识领域这两个维度，本书将企业间的研发合作分为以下四种模式："共创"式的边缘知识领域合作、

"共创"式的核心知识领域合作、"传授"式的边缘知识领域合作和"传授"式的核心知识领域合作，如图3-1所示。

	平等　　　　合作地位关系　　　　不平等
边缘知识	"共创"式的边缘知识领域合作 / "传授"式的边缘知识领域合作
核心知识	"共创"式的核心知识领域合作 / "传授"式的核心知识领域合作

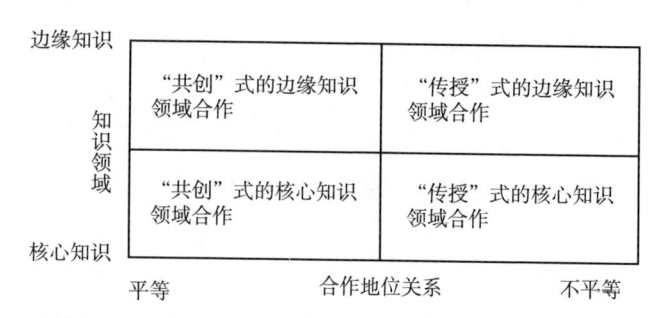

图3-1　合作双方地位关系和合作知识领域维度下的企业研发合作模式类型

四种研发合作模式除了在合作地位关系和合作知识领域方面有所不同，在合作成员构成、股权特点、合作期限和合作产生的创新类型等方面也有各自的特点。

1. "共创"式的边缘知识领域合作模式

这种模式下合作双方在合作中地位平等，合作项目所涉及的知识是合作双方的边缘知识。采取这种合作模式通常是实力相当的中小企业，他们意图借助合作伙伴的生产资源实现产品多样化或产品功能增加的目的，进而拓宽市场边界，提高市场占有率。由于不涉及彼此的核心知识，这种模式的研发合作很容易达成，也多以契约型的短期合作为主，合作将给双方带来边缘知识领域的渐进性创新。

2. "共创"式的核心知识领域合作模式

这种合作模式下合作双方在合作中地位平等，合作项目所涉及的知识是合作双方的核心知识。采取这种合作模式通常是各具优势的中等企业，他们意图通过整合各自的优势资源实现核心知识领域的突破，从而提高核心竞争力，在市场上占据竞争优势。由于核心领域的合作风险较大，合作双方通常采取长期的、股权式的战略性合作，通过长期、紧密的合作，建立足够的信任和了解，并更好地整合双方的战略性资源，以保证合作目标的实现。合作双方在核心知识领域的研发合作一旦成功将实现核心知识领域的根本性创新。

3. "传授"式的边缘知识领域合作模式

这种模式下合作双方通常是领先者和追赶者的关系，合作项目所涉及的知识是领先企业的边缘知识，但对于追赶企业来说，通常是其核心知识。这种合作模式下，合作双方拥有不同的合作意图。追赶企业希望通过与领先企业的合作来获得其边缘知识，而领先企业的边缘知识对补充和提高追赶企业的核心知识大有裨益；领先企业看重的则是追赶企业的市场、劳动力等资源，在不威胁自身核心知识的情况下，领先企业愿意用自己的边缘知识来换取追赶企业广阔的市场和廉价的劳动力。虽然追赶企业试图获得更多的知识，但领先企业出于知识保护一般将合作的时间限定在一定的期限内。根据合作双方的交流情况和追赶企业的知识吸收与转化能力，这种模式的研发合作将会给追赶企业带来核心知识领域的渐进性创新或根本性创新。

4. "传授"式的核心知识领域合作模式

这种模式下合作双方通常是母公司与子公司的关系，合作项目所涉及的知识是母公司和子公司的核心知识。这种合作关系通常是母公司试图在新的市场上培养其子公司，为了增强子公司的竞争力，与其进行核心知识领域的合作。由于是母子公司关系，这种模式的合作比较容易达成，且持续的时间较长，属于长期的股权式合作，合作将给子公司带来核心知识领域的根本性创新。不同类型研发合作模式的特点如表3-1所示。

表 3-1　　　　　　　后发企业研发合作模式及其特点

研发合作模式	合作成员构成	成员地位关系	合作知识领域	股权特点	合作期限	创新类型
"共创"式的边缘知识领域合作	中小企业间	平等，实力相当	边缘知识	契约型	较短	边缘知识的渐进性创新
"共创"式的核心知识领域合作	中型企业间	平等，优势互补	核心知识	股权型	较长	核心知识的根本性创新
"传授"式的边缘知识领域合作	领先企业和后发企业间	不平等，先发与后发的竞合	边缘知识和核心知识	契约型	中等	核心知识的渐进性创新或/和根本性创新
"传授"式的核心知识领域合作	母公司与子公司间	不平等，母子公司的合作	核心知识	股权型	较长	核心知识的根本性创新

中国企业作为后发企业，与世界领先企业在技术上还存在一定的差距，因此中国企业与世界领先企业的研发合作属于"传授"式的合作。进入21世纪之前，中国企业普遍技术水平和技术能力低下，与国际领先企业的技术水平也相去甚远，只能在边缘知识领域与领先企业合作；然而随着中国企业技术水平和技术能力的快速提升，中国企业不再满足于吸收领先企业的边缘技术，而是通过与领先企业的研发合作获取其核心技术。因此中国企业与领先企业的研发合作已经不再是"传授"式的边缘知识领域的合作模式，而是一种更新、更有效的合作模式，这种模式的具体形式是什么？后发企业是如何通过这种模式与领先企业合作的？接下来通过中国两家大型装备制造企业与国际领先企业研发合作的案例对此进行探索和分析。

二、探索性案例研究——两家装备制造企业研发合作的案例

为了发现后发企业与国际领先企业进行研发合作的成功模式,本书选择了两家研发合作成功的典型企业作为本章的研究对象,通过对他们研发合作行为的深入探索演绎出后发企业与国际领先企业进行研发合作的成功模式以及该模式下后发企业知识创新和创新能力提升的内在机理。

本书采用探索性案例研究作为主要的研究方法。案例研究方法分为三种类型（Yin，2003）：探索性案例研究、解释性案例研究和描述性案例研究。其中探索性案例研究用于理论提出之前,致力于"发现未被涉及的研究领域和理论发展方向"（Voss et al.，2002）。本书采用探索性案例研究的合理之处在于,现有文献少有从合作者关系角度对后发企业与领先企业研发合作模式进行研究,本书对于后发企业与领先企业研发合作模式的研究是从"后发者—领先者"关系角度出发对研发合作模式的一种探索,是一种新的尝试,因此适用于探索性案例研究方法。同时,本书应用了多案例研究,通过不同背景案例间的比较,发现更加一般化的结论,从而克服单一案例研究普遍性不强的缺点（Silverman，2000）。

（一）案例的选择

根据我国国情,绝大部分装备制造企业都是国有企业,且地理位置主要分布在老工业基地。东北老工业基地是全国六大老工业基地之一,其装备制造企业的数量和规模都较大,发展历史悠久,具备中国装备制造业的典型性特征。哈尔滨汽轮机厂有限责任公司（以下简称"哈汽"）和中航工业哈尔滨东安发动机有限公司（以下简称"东安"）是

东北两家大型装备制造企业，企业规模较大，且都具备一定的创新能力。两家企业在特定技术领域已经达到国内领先水平，与国际领先企业的技术差距已经缩小到一定范围，具备了通过与国际领先企业的研发合作提高技术水平、实现追赶的能力。本书将他们分别与日本东芝集团和法国国家航空航天工业集团（GIFAS）的研发合作作为研究对象，试图发现后发企业与领先企业研发合作的模式。我们选取这两个研发合作案例的原因在于以下两方面。

（1）哈汽与东芝的研发合作是典型的后发企业与领先企业的合作设计。哈汽是一家国有装备制造企业，曾参与秦山核电站、大亚湾核电站等国家重点项目的建设，具备了一定的技术能力，但是汽轮机叶片设计技术始终处于较低水平无法突破；东芝集团是日本著名的半导体制造公司，在汽轮机研制技术方面处于世界领先地位，汽轮机叶片设计技术也属国际一流。因此，哈汽与东芝的合作设计作为一种典型的后发者—领先者研发合作可以为我们探索后发企业与领先企业研发合作模式提供非常有价值的参考。

（2）东安与法国国家航空航天工业集团（GIFAS）的研发合作是典型的后发企业与领先企业的合作试制。东安是国内研制直升机发动机的重要企业，20世纪80年代，东安从法国引进Z9系列直升机，经过几十年的仿制和改进，基本上掌握了该系列直升机的设计技术和部分制造技术。但是对于发动机主减速器的制造工艺始终不能突破。法国国家航空航天工业集团是Z9系列直升机的提供商，对于该系列直升机的各项制造工艺都已经非常成熟，因此东安与法国国家航空航天工业集团的合作试制作为一种典型的后发企业与领先企业研发合作将为我们探索后发企业与领先企业研发合作模式提供非常有价值的参考。

（二）数据收集与分析

本书的数据收集采用三角测量法，除了企业访谈外还包括企业年报、企业网站信息、专利数据以及新闻报道等，以期获得对研究对象的多视角描述。企业访谈是数据收集的一个重要来源。自 2013 年 7 月至 2015 年 5 月,针对哈汽和东安的研发合作项目,对合作双方的管理者和技术人员进行了多次访谈,其中包括 4 次面对面访谈,每次访谈和讨论的平均持续时间约为 2.5 小时;19 次电话访谈,每次访谈持续时间从 30 分钟到 50 分钟不等;以及多次邮件沟通。在哈汽与东芝研发合作的案例中,共访谈 12 人,访谈对象包括哈汽公司研究院副院长、副总设计师,空冷汽轮机研究所副所长及工程师 3 人,工具处数控、辅机热校、冷作、管子手氩焊接等技术人员 6 人;东芝合作项目值长 1 人,测试人员 2 人。在东安与 GIFAS 的研发合作案例中,共访谈 10 人,其中东安公司副总经理和项目负责人 3 人,热处理、冷处理、空气动力等方面的技术人员 5 人;GIFAS 工程师 1 人,设计人员 1 人。两个案例的访谈对象及人数分布如表 3-2 所示。访谈人员的选择覆盖了合作双方企业、各技术部门和各项研发任务的全范围,从而保证了访谈数据的"单位三角检验"(unit triangulation)(Marschan-Piekkari et al., 2004)。数据的选择严格遵循真实、开放的原则,所获得的信息都是基于受访者对于研发合作活动的实际参与体验,访谈问题采取开放式结构,并注重实际例子的描述。

表 3-2　　　　　　　　案例访谈对象及人数分布

访谈对象及人数	哈汽与东芝的研发合作		东安与 GIFAS 的研发合作	
	哈汽	东芝	东安	GIFAS
管理者人数	3	1	3	1
技术人员人数	6	2	5	1
总人数	9	3	8	2

数据的收集过程与数据分析过程交互进行。首先单独分析这两个案例,然后进行跨案例的相似性和区别性分析。为了检验数据的信度和效度,本书采用了几种检验方法:第一,访谈首先由一名研究者记录下来并转录给其他研究者,由其他研究者进行细致的检查和研究以保证记录

的逻辑性并从中发现新的信息，从而保证了数据的信度；第二，访谈数据与其他途径获得的数据（如观察、企业年报、企业网站信息等）进行对比，从而更好地理解纷繁复杂的访谈信息，通过慎重地"三角检验"来增进数据的内部效度（Hartley，2004）；第三，从收集的数据中总结和提炼出案例访谈报告，描述案例的主要观察结果和发现，并创建可检索的数据库以备查用；第四，几个研究者作为一个团队对彼此的访谈数据进行检查和补充，从而有效地将两个案例的数据进行系统的对比，发现后发企业与领先企业研发合作的规律和模式，并从现存的理论中寻求解释（Eisenhardt，1989；Pauwels & Matthyssens，2004）。对于外部效度，本书致力于基于深入的定性研究来得到理论上的一般化规律，而非统计规律（Makela et al.，2007）。基于以上数据收集和数据分析，归纳分析出了后发企业与领先企业研发合作模式的一个理论模型，并得出了全新的结论。

（三）案例描述

1. 案例一：哈汽与东芝的合作设计

1）哈汽公司研发合作情况简介。

哈尔滨汽轮机厂有限责任公司成立于1958年，是我国电站汽轮机和船用主动力装置的生产基地，以设计制造大型火电汽轮机、核电汽轮机、工业汽轮机、船用主动力成套装置和燃气轮机为主，隶属于哈尔滨电气集团公司。

（1）哈汽公司的研发体系与研发能力。哈汽公司拥有较强的科研创新能力，公司现有员工5780人，其中工程技术人员近1300人，高级技术人员400余人，科研人员数量占公司人员总数的22.5%；公司具备完善的研发体系和通用设计平台，并与众多科研院所建立了产学研联合团队。公司在超超临界系列、超临界系列、空冷系列、供热系列、联合循环系列、核电系列等主导产品的自主研发能力在国内同行业中处于领先地位，具有自主知识产权的空冷机组系列、超超临界660MW机组、300MW等级供热机组、联合循环机组等综合性能已达到国际先进水平。截至2013年，公司共申请专利310项。其中，发明专利83项；授权专利231项。

（2）哈汽公司的研发合作历程。公司技术创新经历了引进、消化吸收、再创新的历史沿革，技术创新实力逐步增强。在成立之初，公司主要靠引进苏联的技术和生产设备，20世纪50~70年代开始尝试开发新机组；70年代后期到2000年前后，公司处于引进消化期，在引进国外先进技术的同时，根据国内特殊情况进行适当改进，从设计到制造工艺都进行了一定程度的改进；从2000年至今，公司进入合作优化期，大量与国内外相关企业和科研院所合作，共同开发新产品、突破新技术，合作的方式包括许可、技术支持、联合研发等等，此时公司已从过去的完全依赖外方技术到与外方共同研发，部分技术实现了自主研发，技术创新能力实现了大幅度提升。

（3）哈汽公司的研发合作项目。从1995年开始，哈汽公司陆续与多家国内外电气企业合作，共同研发了多台国内、国际技术领先产品和技术，取得了良好的合作研发绩效。

①650MW核电汽轮机。1995年，在秦山核电站二期工程中，哈汽公司与美国西屋电气公司联合设计，合作制造了国内首台650MW核电汽轮机，并于2002年投入运营，成为核电产品中第一个典型的合作项目。

②9FA燃气—蒸汽联合循环机组。2003年，哈汽公司与美国通用电气公司签署了大型联合循环项目汽机的技术转让协议，联合生产制造9F级重型燃气轮机及联合循环汽轮机。同时获得25台机组订单，占国内市场的50%。

③600MW超临界机组。2004年，哈汽公司与日本三菱重工合作获得了国内首台超临界600MW沁北1#机组，并成功并网发电。该机组由哈汽与三菱公司联合研发，其中高中压部分采用三菱公司的技术，低压缸采用哈汽自主开发的亚临界600MW汽轮机技术，双方的合作获得了

极大的成功。

④600MW 超超临界机组。2007年，哈汽公司与日本三菱重工合作签订了600MW 超超临界汽轮机技术转让协议，并获得了营口、阚山等10台机组订单。

⑤1000MW 超超临界机组。2007年，哈汽公司与日本东芝集团签订了1000MW 等级超超临界汽轮机技术转让协议，获得泰州、三百门等依托项目。

⑥AP1000 常规岛及辅机。2008年，哈汽公司与日本三菱重工合作签订了AP1000 核电常规岛及辅机技术转让协议，并成功启动了国内首台AP1000 核电项目。

2）哈汽与东芝1800mm 叶片的合作设计。

2009年起，哈汽公司承接国家863 科技发展重大专项，配合国家核电技术研发中心，研究核岛1400MW 容量技术的开发。为了完成核电技术的升级，2010～2013年，哈汽公司与东芝集团进行1800mm 叶片的联合研发。在此之前，双方还进行了空冷产品的联合研发，为1800mm 叶片的联合研发积累了重要经验。

哈汽通过市场调研初步确定叶片的需求情况，与东芝集团签订合作协议进行合作。协议明确规定了双方的权利和责任，其中哈汽负责叶片的设计，东芝负责叶片的测试，并对哈汽的设计工作提供建议和指导；协议还对概念的设定与细化、部门的紧密衔接、确切的时间节点等内容进行了详细的规定，以确保研发任务的顺利进行。通过此次合作，哈汽不但突破了1800mm 叶片设计技术，还建立起了独立空冷汽轮机叶片的研发体系，从而跃居国内叶片设计的领先地位。

叶片设计是叶片研发关键环节，其中涉及的叶片设计技术是叶片研发的核心知识，同时叶片的设计技术也是哈汽的薄弱环节。叶片的测试虽然不是研发的决定性环节，但是由于哈汽缺乏大型测试设备，因而叶片的测试工作交由东芝负责。东芝虽然不直接参与叶片的设计，但是测试过程中出现的问题会与哈汽设计部门沟通，从而给哈汽的设计工作提供一定的指导。

第三章 基于追赶的后发企业研发合作模式——探索性案例分析

叶片的研发涉及空气动力学、材料学、焊接、检测、实验验证等多项学科和技术，为了实现双方技术人员的对接，哈汽公司和东芝集团挑选了各自企业内部相关领域的专业技术人员和项目管理人员组成了企业内部研发团队，并在双方项目管理人员的统筹下组成了联盟合作团队。合作研发项目实行模块化管理，合作双方对研发项目进行模块化划分，并由哈汽和东芝的内部研发团队分别负责，模块间相关技术人员进行专业对接。

（1）合作双方的交流。交流是研发合作的基础，也是哈汽获得东芝先进知识的重要途径。为促进合作双方的交流，哈汽从组织、沟通理解和交流方式三个方面进行了管理。

在组织方面，哈汽和东芝成立了专门的研发合作团队，其中包括项目管理人员、专业技术人员和工程师；并对合作研发项目进行模块化划分，每个模块的技术人员和工程师都进行专业对接。

在沟通理解方面，合作双方在语言、技术、企业文化等方面存在差异，但在合作中都得到了很好的解决。语言方面，尽管合作双方来自不同的国家，母语不同，但是合作双方都精通英语，因此语言交流方面基本不存在问题；专业技术方面，对于新技术可能存在理解上的困难，但是经过双方的沟通和交流，新技术终究能被很好地理解；企业文化方面，日本企业普遍比较严谨、细致，严格按合同规定行事，大大减少了双方的纠纷和冲突。

在交流方式方面，合作双方进行了深入的、正式与非正式的交流。其中正式的交流主要表现在以下几个方面：①会议与讨论。双方在中国建立了公共办公室，东芝相关管理人员和技术人员每个月都会来公共办公室与哈汽相关人员进行交流。合作双方定期召开会议和电话会议，每期会议在进行之前都经过详细的计划，确定明确的议题，在总结前期成果的同时，对研发过程中出现的问题进行探讨，提出解决方案并明确进一步实施的计划。②实时交流。双方建立了内部局域网，创建了公共信息平台，随时更新项目信息和数据，参与研发项目的每位管理人员和技术人员都拥有授权的账号，方便彼此随时交流和共享信息和想法，对出现的问题进行及时沟通和解决。③高层互访。哈汽和东芝的高层管理人员针对合作研发项目定期进行互访,就重大问题进行协商和决策,保证合作研发项目按照预期的方向发展。

除了正式交流外,哈汽与东芝还进行着许多非正式的交流。双方研发人员在私下保持着长期的良好关系,不仅在工作之余进行交谈,还通过喝茶、吃饭等方式交流看法,甚至通过争吵对某一问题进行深入探讨。哈汽空冷汽轮机所副所长说道:"日本和中国有相似的酒文化,因此在饭桌上聊天有时比在工作中更能增进理解。"通过这些非正式的交流,联盟成员乐意对合同规定义务范围之外的业务提供自愿性帮助,这在非常大的程度上促进了双方的共同理解和叶片研发的成功。哈汽与东芝的合作与交流情况如图3-2所示。

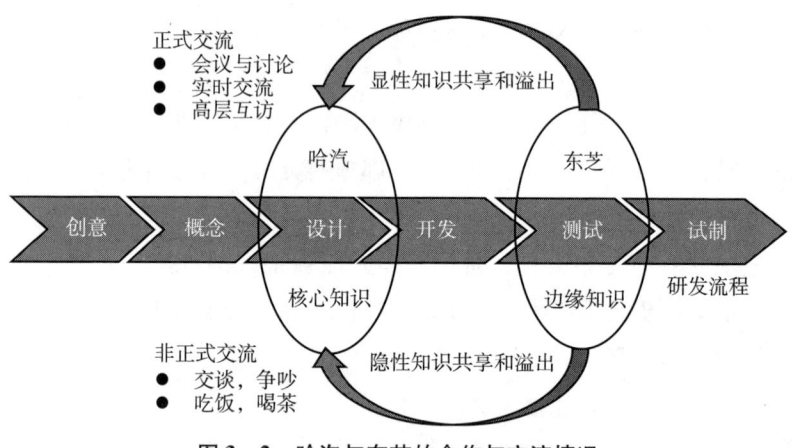

图3-2 哈汽与东芝的合作与交流情况

(2)叶片的测试与设计改进。在叶片测试阶段,东芝技术人员对叶片的根部、顶部和拉筋部位进行了高背压、低负荷下的动应力透平模拟实验,叶片的顶部和拉筋部位通过了测试,但叶片根部断裂,从而导致叶片测试失败。东芝向哈汽报告了这次测试的失败,并提出失败的原因可能是叶片根部参数设计不合理,导致动强度不足,建议增强。但是由于相关技术薄弱,哈汽技术人员经过大量计算始终无法设计出合适的叶片参数以增强其根部的动强度。而根据合作协议东芝除了提出问题、给出建议外并没有义务帮助哈汽设定具体的参数，因此叶片参数的确定成为哈汽叶片设计的一大难题。正当哈汽为这一难题束手无策时，在一次员工聚餐中，东芝的一名技术人员讲述了他如何发现汽轮机组建缺陷、并经过多次失败最终成功改进的故事，这个故事无意中启发了哈汽的一名技术人员，这名技术人员突然意识到了以往参数计算中犯的一个错误，并果断对其进行纠正，又通过反复对比和测试不同参数下的叶片性能，终于计算出了合适的叶片参数，从而解决了叶片根部动强度不足的问题，纠正了叶片参数设计中的错误，提高了叶片设计水平。

经历这次参数设定事件后，哈汽意识到在研发过程中、甚至在哈汽整个生产过程中还存在许多类似的计算错误，之后哈汽对企业所有有关参数设定的环节进行了检测，发现和更正了以往的计算错误，从而提高了许多零部件的性能，设备整体运行效率也大幅度提高。

（3）合作成果。截至 2013 年 9 月，哈汽与东芝成功研发出了 1800mm 叶片。哈汽公司不但突破了 1800mm 叶片的设计技术，还改进了叶片检测的两种试验：动能力试验和系统性能试验，在此后的叶片研发活动中，这两种试验被国内其他企业广泛效仿和应用，逐渐成为国内叶片检测试验的规范。通过与东芝集团的研发合作，哈汽公司对叶片的研发流程和技术规程有了深入的理解，基于研发合作中获得的知识、技术和经验，结合自身情况，哈汽公司建立起了空冷汽轮机叶片的研发体系，对叶片研发的模块划分、技术衔接、任务规范等都给予了严格的规定，实现了叶片研发程序的规范化和可操作化。该体系是国内首个完整的、独立设计完成的叶片研发体系，为国内叶片研发体系的建立奠定了基础，也促使哈汽跃居国内叶片设计的领先地位。

2. 案例二：东安与法国国家航空航天工业集团的（GI-FAS）合作制造

1）东安公司研发合作情况简介。

东安公司是中国航空工业集团公司旗下的一家以直升机发动机研制

为主的航空支柱企业，主要致力于直升机传动系统部件产品、航空机电产品等的研制与开发，并承担铝镁合金铸造和模具产品的生产工作。

（1）东安公司的研发能力。经过几十年的发展，东安公司在自主研发能力、制造技术、人才队伍等方面都获得了巨大的成绩。目前东安已经拥有一套完整的、独具特色的自主研发体系，不仅引进了大量国外先进设备，在铝镁和机匣制造、热表处理等方面的技术也属国内一流。东安公司非常注重技术和管理人才的培养，已经建立起一支专业技术过硬、创新能力强、注重合作与进取的高端人才队伍，为公司的发展做好了充分的人力资源保障。

（2）东安公司的研发合作项目。东安公司在自主研发的同时注重国际合作。20世纪80年代末，东安与美国GE公司共同研发涡桨5E发动机，并获得了极大的成功。涡桨5E发动机无论在功率、耗油量还是在寿命和稳定性方面都优于原机，是涡桨发动机研发技术的一次重大突破。

2006年，东安公司在航空传动系统零件制造方面与惠普公司达成协议，进行生产方面的转包合作；2008年又与惠普公司一道启动了齿轮项目的建线工作。东安公司还先后与法国、美国、英国和德国知名的航空制造企业进行了深入的国际合作，逐步走向国际化合作发展的道路。

2）东安与GIFAS主减速器的合作试制。

自20世纪80年代引进Z9系列直升机以来，东安一直致力于Z9直升机发动机技术的研发与改进。1992年，为迎接香港回归，中国国防部增加了军用直升机的订单，东安也自此开始研发和制造Z9舰载型直升机。为了突破Z9舰载型直升机发动机主减速器的关键技术，东安与GIFAS签订合作协议，共同完成对Z9舰载直升机发动机主减速器的研发。协议规定东安负责主减速器的设计，GIFAS负责主减速器的制造，并对东安的设计工作提供建议和指导。通过此次合作，东安掌握了主减速器的制造技术并改进了设计技术，在技术体系的构建方面取得了巨大进展。

主减速器的试制是研发的关键环节,其中涉及的制造技术是主减速器研发的核心知识,也是东安主减速器研发技术的薄弱环节。GIFAS负责主减速器的设计工作,并协助东安完成主减速器的试制工作。GIFAS的技术人员与东安技术人员一同工作,解释设计图纸的实施过程,并对主减速器组件的试制和装配提供培训和现场指导。

(1) 合作双方的交流。东安与GIFAS的技术人员在合作过程中进行了多方面的交流,其中正式交流包括:①培训:GIFAS技术人员向东安技术人员讲解主减速器的切割工艺、热处理、测试及检测等技术;②现场指导:GIFAS技术人员在车间指导东安技术人员使用机械设备、设置参数及检验检测等。此外,合作双方管理者和技术人员还建立了良好的私人关系,在工作之余相互交流和帮助,逐渐了解了各自的价值观念、思维方式和行为惯例,这对东安技术人员理解主减速器的设计原理和制造程序起到了很大作用。东安与GIFAS的合作与交流情况如图3-3所示。

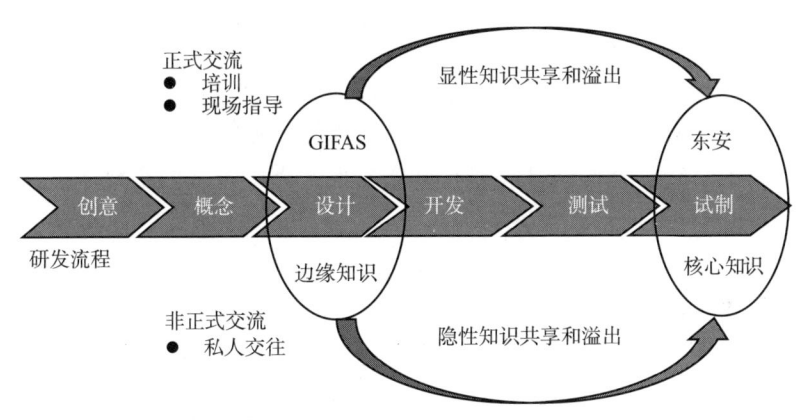

图3-3 东安与GIFAS的合作与交流情况

(2) 主减速器的设计与制造改进。GIFAS技术人员在负责主减速器设计的基础上,通过正式和非正式的交流对东安技术人员给予指导和帮助,东安技术人员获得了许多切割技术、热处理、组件测量和功能检测的新知识,通过双方人员在车间内的共同工作,解决了许多操作性的问题。如切割技术是东安的薄弱环节,东安在切割参数的设定上存在很大问题,通过与 GIFAS 的合作,这位技术人员学到的切割参数的设定方法,提高了切割效率。

(3) 合作成果。通过技术培训和现场指导,主减速器的原型制造出来,设计图纸也根据制造过程中出现的问题进行了改进,东安基本上掌握了主减速器的制造技术并改进了设计技术。在学习 GIFAS 技术知识的同时,东安技术人员还特别注重对引进知识的消化、吸收和改进。他们将引进的知识与自身的原有知识相结合,创造出了适用于自身技术标准的新技术体系。1993 年,Z9 舰载型直升机主减速器研制成功,不仅如此,东安还建立了自己的主减速器生产系统,在国内处于领先水平,并成功研制了一系列 Z9 直升机主减速器,如 1994 年研制成功的 Z9 武装型主减速器,1995 年研制成功的 Z9 武改型主减速器以及 2004 年研制成功的 H425 型主减速器。

(四) 跨案例比较

通过对哈汽和东安两家装备制造企业与国际领先企业研发合作的案例描述,研发合作的过程基本呈现出来。为了发现两个案例的相似之处并发展出更加一般化的结论,本书进行了跨案例的比较和总结(见表 3-3)。比较发现,哈汽和东安作为后发企业与领先企业进行研发合作,后发企业负责核心环节的研发,领先企业负责边缘环节的研发,但对后发企业核心环节的工作给予一定的指导和协助,哈汽和东安就是借助这些指导和协助获得了领先企业的部分核心知识,实现了核心研发工作的突破,并在相关领域取得了重大进展。

表3-3 案例间的对比和总结

研发合作事项		哈汽与东芝的合作	东安与GIFAS的合作
合作时间		2010~2013年	1992~1993年
目标产品		1800mm叶片	主减速器
研发环节及相应的负责人	核心环节及负责人	设计；哈汽	试制；东安
	边缘环节及负责人	测试；东芝	设计；GIFAS
合作双方的交流	正式交流	会议与讨论；实时交流；高层互访	培训；现场指导
	非正式交流	交谈、争吵；吃饭、喝茶	私人交往
后发企业取得的成果	项目成果	叶片设计技术；叶片研发流程和技术规程	主减速器的制造技术和设计技术
	额外成果	空冷汽轮机叶片的研发体系	新技术体系；主减速器生产系统

三、"边缘—核心"型研发合作模式的提出

上述两个案例为探索后发企业通过与领先企业研发合作的模式提供了现实依据。从案例中可以发现，后发企业希望通过与领先企业的合作获得对方的先进知识，但是通常领先企业都不愿意在核心知识领域和后发企业合作，因此后发企业选择从边缘知识的合作入手，通过知识的溢出和吸收，逐步获得领先企业的核心知识，在促进知识创新的同时提高创新能力。由于知识的嵌入性和链接性特征，领先企业的核心知识会嵌入他的技术人员、设备和组织系统中，并与企业的边缘知识相链接；在与后发企业的研发合作中，嵌入技术人员、设备和组织系统中的核心知识会通过边缘知识的共享溢出到后发企业中，被后发企业吸收、改进和利用。后发企业利用获得的核心知识进行知识创新，并提高自身的创新能力，从而实现追赶。案例中哈汽与东芝的合作测试、东安与GIFAS

的合试制造虽然都没涉及东芝与 GIFAS 的核心知识，但是哈汽和东安可以依赖知识的嵌入性和链接性，利用研发系统的整体性获得他们的核心知识。通过对核心知识的吸收和改进，哈汽和东安都在目标技术上实现了突破，并在相关领域一举实现国内领先。

基于以上分析，本书认为中国装备制造企业与国际领先企业的研发合作属于"传授"式的合作，但是合作的领域既不是核心知识领域的直接合作，也不是单纯的边缘知识领域的合作，而是通过边缘知识领域的合作渗透核心知识领域，进而获得核心知识。因此本书提出了基于追赶的后发企业研发合作的新模式："边缘—核心"型研发合作，如图 3-4 所示。在"边缘—核心"型研发合作中，后发企业负责核心环节的研发，领先企业负责边缘环节的研发，后发企业通过领先企业进行正式与非正式的交流获得领先企业在核心环节的知识，依靠自身的吸收能力实现知识创新以及创新能力的提升，不断向领先企业追赶。

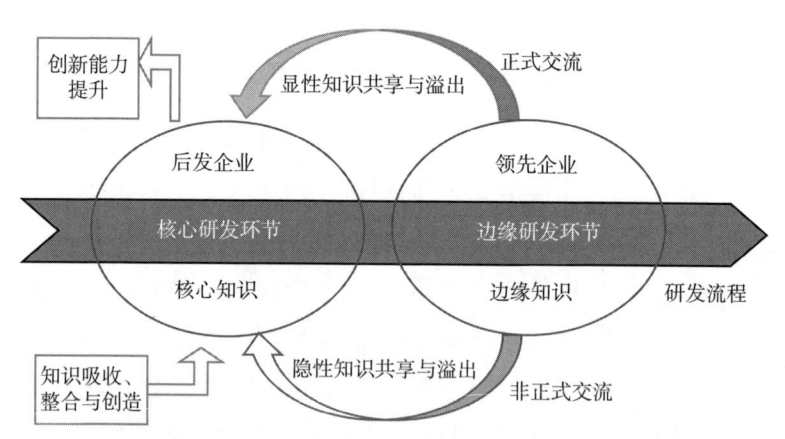

图 3-4　基于追赶的后发企业研发合作的新模式："边缘—核心"型研发合作

（一）"边缘—核心"型研发合作模式中的知识溢出

在基于追赶的后发企业研发合作中，由于双方知识势差的存在，知识会从知识势能高的一方（即领先企业）流向知识势能低的一方（即后发企业),从而形成知识的溢出。伴随着知识的不断溢出,领先企业与后发企业的知识势能会逐步缩小,双方的知识水平和能力水平差距也会越来越小。领先企业与后发企业间的知识可以通过正式和非正式的方式溢出。正式的沟通如会议、计算机网络和培训能够促进显性知识的溢出,正式的交流网络更加透明和明确,能够避免冲突和减少知识的模糊性,从而增加溢出知识的准确性。另外,正式的交流对象比较固定,对象间反复多次的交流有利于建立共同的理解和信任,进而促进知识的顺利溢出。

非正式的交流对于合作伙伴间隐性知识的溢出有重要作用。非正式的交流如聊天、喝茶、吃饭和建立良好的私人关系能够增加合作的灵活性,创意、文化、思维方式等隐性知识能够更加有效、便捷地溢出。正式和非正式的沟通对于后发企业与领先企业的研发合作都十分重要,是后发企业通过边缘技术获得核心技术的必要途径,也是"边缘—核心"型研发合作成功的关键。

(二) "边缘—核心"型研发合作模式中的知识吸收、整合与创造

知识仅仅从领先企业溢出到后发企业并不能提高后发企业的创新能力,后发企业还需要对溢出知识进行吸收、整合和创造。吸收能力是促进后发企业技术能力提升的一个关键因素。知识吸收能力能够促使企业发现外部新知识的价值,引入并同化新知识,进而进行商业化应用。当后发企业拥有较强的知识吸收能力,他从领先企业获取先进知识并转化为价值的能力就越强。一方面后发企业可以利用吸收的新知识解决现有的问题或创造新的知识;另一方面后发企业可以将引入的新知识与其原有知识相整合从而创造出更多的新知识,提高后发企业的知识数量和质量。此外,后发企业的知识吸收能力和知识整合能力也是其创新能力的体现,后发企业的知识吸收能力越高,知识整合能力越强,创造的新知识就越多,其创新能力也越强。后发企业就是通过对领先企业知识的吸

收、整合和创造过程来提升创新能力、实现对领先企业的追赶。

四、本章小结

本章从合作双方地位关系和合作知识领域两个维度划分了企业研发合作模式的四种类型:"共创"式的边缘知识领域的合作、"共创"式的核心知识领域的合作、"传授"式的边缘知识领域的合作和"传授"式的核心知识领域的合作,并指出基于追赶的后发企业的研发合作虽属于"传授"式的合作,但有其特殊性。接着通过两家中国大型装备制造企业与国际领先企业合作的探索性案例分析,得出了基于追赶的后发企业研发合作的模式——"传授"式的"边缘—核心"型研发合作。该模式下后发企业通过与领先企业在其边缘知识领域的合作,利用知识溢出逐渐渗透到其核心知识领域,从而获得其核心知识,并通过对核心知识的吸收、整合和创造促进后发企业内部的知识创新、提高创新能力。

第四章

"边缘—核心"型研发合作模式的知识链接机理

两家中国大型装备制造企业研发合作的案例分析探索了基于追赶的后发企业研发合作的模式——"边缘—核心"型研发合作模式。该模式区别于一般研发合作模式的主要特点是后发企业通过分享领先企业的边缘知识逐渐渗透到其核心知识,从而达到获得领先企业核心知识的目的,因而"边缘—核心"型研发合作模式成功的关键在于边缘知识到核心知识的渗透。那么后发企业是如何从领先企业的边缘知识渗透到其核心知识的呢?为了回答这个问题,本章从知识管理角度出发,利用知识链接原理分析边缘知识与核心知识的链接关系,并运用合作企业间边缘知识到核心知识渗透的实例对"边缘—核心"型研发合作模式的知识链接机理进行验证。

机理是系统在一定环境下为实现特定功能,系统结构中各要素相互联系、相互作用的运行规则和原理,主要包括系统要素和要素间的关系两个维度。"边缘—核心"型研发合作模式的知识链接机理主要从知识链接理论出发对企业内部的知识元素进行分析,识别其中的边缘知识元素和核心知识元素,并发现二者的链接,从而解释后发企业如何由领先企业的边缘知识链接到其核心知识的这一过程。知识链接是知识网络或知识结构中知识元素之间的关联关系(赵蓉英,2007)。领先企业知识作为一个完整的知识结构,其内部的边缘知识和核心知识必然存在各种关联关系，这种关联关系的存在使后发企业有可能通过分享领先企业的边缘知识链接到其核心知识，实现边缘知识到核心知识的渗透。因此本章在介绍知识链接及其实现工具（知识地图）相关理论的基础上，运用集合理论演绎了领先企业边缘知识到核心知识的链接过程，并利用合作企业间边缘知识到核心知识渗透的实例验证了"边缘—核心"型研发合作模式的知识链接机理。

一、知识链接及其实现工具

（一）知识链接

1. 知识链接及其作用

知识网络或知识结构是由知识元按照一定的关联关系构成的，知识元之间的关联关系即知识链接。知识链接的作用不仅是链接两个知识元或知识单元，从而获得目标知识，多个知识链接更是能够构建一个完整的知识结构（贺德方，2005）。

知识链接具有整合知识元和分析知识元关系的双重作用。一方面，知识链接能够依靠知识关联技术对来自不同组织、不同类别和不同视角下的知识进行整合，形成具有逻辑性和整体性的知识结构；另一方面，知识链接能够依靠知识分析工具、梳理出知识结构中存在的知识元间的关系，实现知识结构间关系网络的可视化（付旭雄，2012）。后者对于挖掘知识结构中潜在的知识关系并重构知识结构十分重要，是知识创新的关键。知识链接通过知识分析工具对知识元进行识别、抽取、加工和概括提炼等，发现知识元间潜在的语义和关联上的关系，对知识元和知识元关联进行重构，从而挖掘和创造出新的知识。

2. 知识链接技术

知识链接技术主要包括知识处理技术、知识元抽取技术和知识关联技术。企业的知识纷繁复杂，要想厘清知识元间的关联关系，首先要对企业知识进行相应的处理，如建立知识检索系统、对知识进行分类和聚类以及实现知识的可视化等。为进一步发现知识元间的内在联系，还需要对知识元进行分解，按照名称、特征、规则、隶属关系等知识元属性对具有相关性的知识元进行抽取，并将抽取的知识元按照一定的关联规则建立关联。知识关联规则表示为：$R: X \rightarrow Y$，集合 X、Y 包含于集合 I 中，并且 $X \cap Y = \varphi$。这个关联规则表示如果项目集 X 在某一事务中出现，则一定会导致项目集 Y 也在同一事务中出现。利用关联规则挖掘技术之前必须对知识元数据库中的每一个知识元建立一个连接锚，从而采用关联规则挖掘算法（如经过优化的 Apriori 算法）在领域本体库通过推理来确定连接锚是属于哪个专业领域，以寻找正确的链接对象，并进行关联性匹配。一般来说人类的知识系统中知识元间的关联关系纷繁复杂，在实际应用中要根据实际情况选择所关心的关联。

温有奎和焦玉英（2010）在研究知识链接问题时，基于布鲁克斯（Brookes，1980）的 Brookes 方程引入信息对知识链接的导航作用。他们认为信息是知识元（KE）的重要组成部分，也是知识元传播和组合的推动力。知识元是组成知识结构的最小单元，知识元所特有的独立性和链接性使得它能够通过信息的导航作用与知识结构外部的其他知识元建立连接，从而形成新的知识结构。

温有奎将知识结构表示为 $K(S)$，新的知识结构表示为 $K(S+\Delta S)$，信息对知识元的导航作用表示为 N，据此得到知识结构通过信息的导航作用实现更新的过程：

$$K(S) + N(K(E) + K(S)) = K(S + \Delta S) \quad (4-1)$$

其中，$N(K(E) + K(S))$ 即表示知识元链接。

公式（4-1）在 Brookes 方程的基础上进一步明确了信息对知识元链接的导航作用，此处的信息既可以来自知识结构外部，也可以来自知识结构内部,甚至是知识元自身,因此可以推断知识元自身所携带的信息可能就是实现知识元间链接的向导。基于信息导航作用的知识元链接如图 4-1 所示。

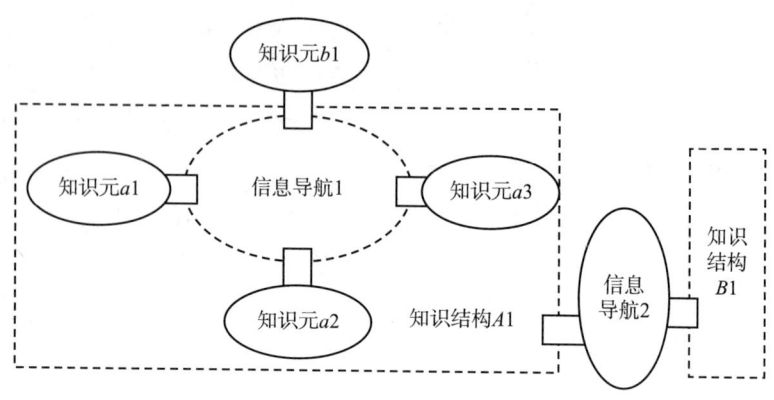

图 4-1 基于信息导航作用的知识元链接

(二) 知识链接的实现工具——知识地图

1. 知识地图及其构成

知识地图是一种图表,描述了一个人可能采取的所有行动以及采取行动时所用到的所有信息和知识 (Howard & Simpson, 1989)。知识地图是对知识的结构化组织,知识地图中的每一个知识都存在于起因与结果的关系中,并与这些关系组成了完整的知识结构,结构中相关知识的综合利用可以逻辑性地解决特定问题 (Yoo et al., 2007)。无论是知识间的关系,还是利用知识间的关系解决特定问题,都需要依靠知识地图构造的知识结构,因此需要首先对知识地图进行识别和分析。

知识地图主要由资源、知识元和主题三层面组成。三个层面内要素不同的排列组合构成了不同的知识结构,多个知识结构交织在一起形成了知识地图。

(1) 资源层。资源层包含了构成企业知识的最基础的资源,可以分为有形资源和无形资源两大类。有形资源是构成企业知识的物资、设备、人员等，是企业知识形成的物质基础；无形资源则包括企业的技术诀窍、生产与管理流程、企业文化以及企业的信息系统等，是企业知识形成的重要组成部分。企业的资源通过各种关联形成知识元，为企业知识系统的形成打下基础。资源通常是数字资源，以文本、图形、视频和音频等形式存在，以利于知识元的形成。

（2）知识元层。知识元以企业资源为基础，是构成知识结构的最小独立单元，是不能再分割的知识结构。对于知识元的理解，可以从其独立性、拓扑性和链接性三个特性出发。知识元的独立性也可以说是知识元的唯一性，在知识元所在的知识结构中，知识元的属性能够将其确定到一个唯一的位置，不会出现多个位置变换的情况，知识元的这一特性有利于对知识元的确定；知识元的拓扑性是指知识元之间纵横交错的语义关联，这些语义关联将不同的知识元整合起来，形成了一个个语义网；知识元的链接性指知识元之间的各种关联，包括语义关联，这些关联使不同的知识元建立起一个知识网络，即形成了知识结构。知识在知识网络中流转，支撑知识结构功能的发挥（温有奎和焦玉英，2011）。

（3）主题层。主题层是在知识元层上构建的一个结构化的语义网，是同一类知识元的集合。主题可以是人、事、物、时、地等，凡是能引起使用者讨论的对象都可以是一个主题，而每一个主题通常可被赋予一个名称（张露和成颖，2009）。如果说知识元将客观资源整合起来形成有认知意义的知识，那么主题就是将零散的知识元整合起来形成可供讨论的议题。资源间的关联形成知识元，知识元间的关联形成主题，主题间的关则形成知识网络；资源、知识元和主题三个层面的链接则形成了整个知识结构。

知识地图中三个层面并不是孤立存在的，而是相互连接、相互支撑的。资源是构成知识元的基础，知识元又是知识结构的组成部分，三者相互作用共同构成了一个完整的企业知识地图。然而，三个层面间的关联关系也不是唯一的和不变的，不同的资源可以组成不同的知识元，而相同的资源根据不同的关系也可以组成不同的知识元；同一个知识元既可以归属于同一个主题，也可以归属于不同的主题，知识元的归属会随着企业的需要不断变换。由于知识元之间的关系非常多样和复杂，知识的接收者通常选择一种或几种自己最为关注的关系，当这些关系被知识接收者感知时，知识接收者就可以凭借自己的认知能力将相互关联的知识元链接起来，形成关于某一知识元的静态和动态信息的集合以及关联信息集合，从而实现了知识的延展或是全新释义。

2. 知识地图与知识链接的关系

知识地图是一种建立知识之间链接的工具。知识地图将知识及知识间的链接以可视化的方式呈现出来，是一种包含了节点和关系的有向图，其中节点是知识元，关系即知识元之间的链接。知识地图给出了知识元之间的导航路径，构建了基于知识元及其关系的知识结构。

根据资源描述框架（resource description framework，RDF）[①]，知识地图可以看作是一个三元组的集合，描述为：

$$KM = \{K_1(A_1), R, K_2(A_2)\} \qquad (4-2)$$

其中，KM 指知识地图；K 表示知识元；A 表示知识元的属性；R 表示知识元间的关系，即知识链接。

二、边缘知识与核心知识的链接关系

（一）边缘知识与核心知识链接关系建立的基础

企业所拥有的物质资源、流程和信息及其相互关系构成了企业独特的知识结构。本书第二章对企业中的边缘知识和核心知识进行了界定，

---

① 资源描述框架是一种用于描述 Web 资源的标记语言，定义了一种通用的框架（即资源—属性—属性值）来描述 Web 上的各种资源。

虽然二者在企业的知识结构中分处不同的位置,但作为企业知识结构的重要组成部分,二者具备建立链接关系的良好基础。

1. 边缘知识与核心知识拥有共同的资源基础,即企业的各类资源

无论是边缘知识还是核心知识,都是由企业的各类资源依据不同的组织方式形成的,具有同源性。虽然核心知识主要由企业的核心资源构成,边缘知识主要由企业的边缘资源构成,但由于核心资源与边缘资源的边界并不明显,构成核心知识的资源可能也是构成边缘知识的资源,可能只是组合方式不同,因此二者在知识资源构成上会有部分重叠,这成为边缘知识与核心知识的一个重要链接。

2. 边缘知识与核心知识相辅相成,互为支撑

企业知识结构是一个完整的系统,边缘知识与核心知识作为系统中的元素,二者必然是相互影响、相互作用的。没有边缘知识的支撑和补充,企业就不可能形成其独特的核心知识,也无法形成完整的知识体系;企业缺乏了核心知识,便没有了核心竞争力,无法在市场上立足,边缘知识也就无用武之地。因此,边缘知识与核心知识相辅相成、缺一不可,二者共同构成了一个完整的企业知识结构。

(二) 边缘知识与核心知识可能存在的链接关系

知识链接关系可分为同一性、隶属性和相关性三种类型。同一性是指知识元之间所具有的某种相同或相似的特性,是知识节点集成性的表现;隶属性表现为任何一个知识元都隶属于某一个范畴或类别;相关性指知识元之间的相容度,变现为相互依存、制约、作用、互为中介,如相反、因果、引用、影响等。

基于共同的资源基础和完整的知识结构,边缘知识和核心知识有可能在领先企业内部形成各种链接关系。

（1）同一性关系。边缘知识和核心知识都是领先企业内部人员的智力成果，在内在结构和表现方式上遵循相同或相似的规则和理念，这种相同或相似性构成了边缘知识与核心知识的同一性关系。

（2）隶属性关系。虽然边缘知识和核心知识在知识水平上分属不同的类别，但是在其他标准下却可能出现在同一类别中。如热处理技术和测试技术，在技术水平上分属核心技术和边缘技术，但进行产品研发时二者均出现在产品研发流程中，同属研发流程的主要环节。因此边缘知识和核心知识可能具有隶属性关系。

（3）相关性关系。作为同一企业中的两种类型的知识，边缘知识和核心知识在领先企业的发展中发挥着各自的作用，且相互之间也是相辅相成、互为支撑的，因此领先企业边缘知识与核心知识存在着相关性关系。

利用边缘知识与核心知识可能存在的这些关系，后发企业就能够找到领先企业边缘知识与核心知识的链接点，并从边缘知识链接到核心知识，实现边缘知识到核心知识的渗透。此外，后发企业还可以利用知识处理技术和知识元抽取技术识别边缘知识中的核心知识元素，并通过知识关联技术和信息的导航作用深入挖掘核心知识元素之间，以及核心知识元素与边缘知识元素之间的关联，构建出更加丰富的核心知识，增加后发企业获得领先企业核心知识的数量。

三、边缘知识到核心知识的链接机理

分析完领先企业边缘知识与核心知识间可能存在的知识链接关系，接下来以知识地图为工具，利用集合理论对"边缘—核心"型研发合作模式的知识链接机理进行分析，从数理视角阐释后发企业如何通过分享领先企业的边缘知识渗透到其核心知识，实现研发合作的目的。

在认知科学领域，知识建造（knowledge construction）被认为是人的认知过程，即人依据获取的知识和经验，把外部信息转换成人的内部知晓。而在知识科学领域，不再强调人的认知因素，知识建造的界定更为客观，即基于知识之间的关系建造知识结构。核心知识作为企业中一种极为重要的知识类别，具有完整、系统的知识结构，对核心知识结构的呈现有利于更好地理解核心知识的语义内容，而获得领先企业核心知识的语义内容及结构就等于获得了其核心知识，这正是后发企业与领先企业合作的重要动机和目的。

知识建造是基于知识地图进行的（Park & Hunting，2002）。首先要从知识地图中各类非结构化资源中获得元数据和概念，依据它们之间的语义关系创造出基本的知识元；然后根据知识元间的关联关系组建本地主题，各个本地主题关联在一起就形成了一个完整的知识地图。知识地图将所有元数据、概念、知识元、主题以及它们各自之间的关系展现出来，构成了一个完整、系统的知识结构。不同的知识元可以构成不同的知识结构，相同的知识元进行不同的知识链接构成的知识结构也不同。

（一）领先企业的知识地图

企业的知识地图由资源层、知识元层和主题层组成，显示了企业结构化的知识资产，是企业知识结构的体现。图 4-2 显示了领先企业的知识地图。领先企业的知识地图是由领先企业的各类资源、知识元和主题共同组成的，随着资源、知识元和主题之间关系的改变，领先企业的知识地图也会随之发生变化。在资源层中，$O_i(i=1, 2, \cdots, n)$ 表示企业所拥有的各类资源，如以纸质或电子载体存在的信息、数据、文档等，它们具有属性和属性值两个维度，是构成知识结构的最基本的要素；在知识元层中，$Ke_i(i=1, 2, \cdots, n)$ 表示由各类资源按照一定的逻辑关系组成的知识元，知识元将各类资源按照一定的关系组织起来，实现了资源从无意义的信息向有意义的知识的根本转变。知识元是知识结构中最小的知识单位，它既可以独立表示一项完整的语义内容，又可以跟其他知识元一起通过某种联系共同表示一个领域本体；在主题层中，$T_i(i=1,2,\cdots,n)$ 表示由各个知识元基于一定的关联组成的主题，主题的范围非常广，既可以是有具体形态的实体，如人、事、物等，也可以是没有形态的虚拟物，如关系。一个主题可以包含一个或多个与该主题相关的知识元，而不同的知识元或相同知识元的不同关系也可以构成不同的主题。

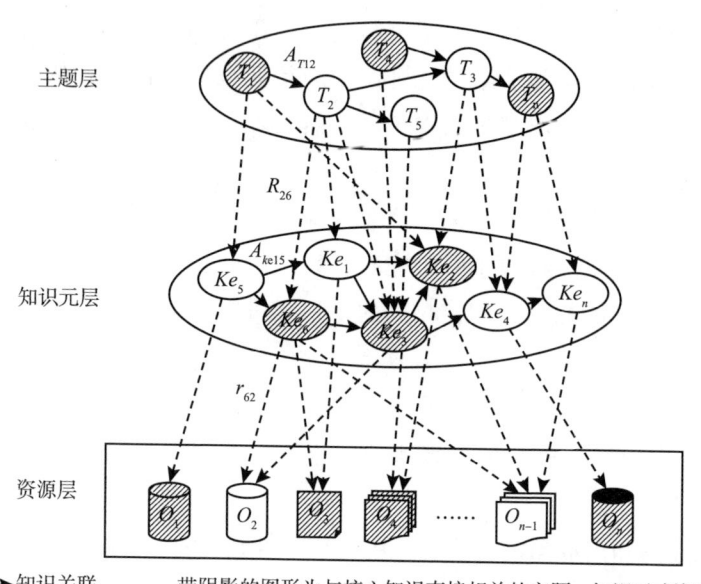

图 4-2 "边缘—核心"型研发合作模式中领先企业的知识地图

知识地图中知识元素的关系也是构成知识地图的重要方面。知识元素的关系分为层面内部的知识关联关系和层面间的知识链接关系。知识关联是指主题层面内部及知识元层面内部元素间的语义关系，可以为一对一、一对多或多对多的形式。由于资源层面由各类信息和有形资源构成，是没有经过人脑加工的客观存在，在不涉及人的认知的情况下它们之间不存在关联关系；知识链接是指层面间的知识元素关系，它将主题层与知识元层、知识元层与资源层按照逻辑关系链接起来，构成完整的知识结构。知识关联和知识链接将知识地图三个层面内部和层面间的知识元素连接起来，构成了完整的知识地图。本书用 A_{Tij} 表示主题 T_i 和主题 T_j 之间的关联，A_{Keij} 表示知识元 Ke_i 和知识元 Ke_j 之间的关联；R_{ij} 表示主题 T_i 和知识元 Ke_j 之间的关联，r_{ij} 表示知识元 Ke_i 和资源 O_i 之间的关联。如 A_{T12} 表示主题 T_1 与主题 T_2 之间的知识关联，A_{Ke15} 表示知识元 Ke_1 与知识元 Ke_5 之间的知识关联，R_{26} 表示主题 T_2 与知识元 Ke_6 之间的知识连接，r_{62} 表示知识元 Ke_6 与资源 O_2 之间的知识链接。

为了便于区分领先企业中的核心知识和边缘知识，本书将与核心知识直接相关的主题、知识元和资源分别定义为核心主题、核心知识元和核心资源，由知识地图中带阴影的图形表示；将与边缘知识直接相关的主题、知识元和资源分别定义为边缘主题、边缘知识元和边缘资源，由知识地图中不带阴影的图形表示，见图4-2。

（二）边缘知识到核心知识的链接

基于上一节对知识地图层次和知识地图关系的分析，依据集合理论，将企业知识地图表示为：

$$KM = \{k \mid k \in KM_e, 且 k \in KM_r\}$$

其中 $KM_e = \{(T_i, Ke_i, O_i)\}$ $(i = 1, 2, \cdots, n)$

$KM_r = \{A_{Tij}, A_{Keij}, R_{TiKei}, r_{KeiTi}\}$ $(i = 1, 2, \cdots, n; j = 1, 2, \cdots, n)$

$$(4-3)$$

KM_e 代表知识地图中元素的集合，包括主题 T_i、知识元 Ke_i 和资源 O_i；KM_r 代表知识地图中元素关系的集合，包括主题间的关联关系 A_{Tij}、知识元间的关联关系 A_{Keij}、主题与知识元的链接关系 R_{TiKei} 和知识元与资源的链接关系 r_{KeiOi}。

领先企业和后发企业出于各自目的进行研发合作，共享彼此的知识并进行知识创新以及基于知识创新的产品创新和技术创新。图4-2给出了"边缘—核心"型研发合作模式中领先企业的知识地图，但在与后发企业的研发合作中，领先企业仅愿意分享其边缘知识，即图4-2

中不带阴影的知识元素,对于其核心知识,领先企业可能仅会透露名称或模糊描述,不会分享更细节、更深入的内容,因此在企业共享的知识地图中,边缘知识会在主题层、知识元层和资源层有详细的描述(如边缘主题 T_2、边缘知识元 Ke_1 和边缘资源 O_2),而核心知识仅出现在主题层(如核心主题 T_1 和 T_4),其在知识元层和资源层的描述是缺失的。只有将核心知识在知识元层和资源层的描述补充完整,才能获得核心知识的完整知识结构,进而获得核心知识的知识地图。为了实现对核心知识结构的完善,后发企业采取了由边缘知识向核心知识渗透的方法。

假设领先企业与后发企业分享了其边缘主题 T_2、T_3 和 T_5,以及与这三个主题关联的边缘知识元 Ke_1、Ke_2、Ke_3、Ke_4、Ke_6 及边缘资源 O_2、O_3、O_4、O_7 和 O_8。由三个层面、13 个知识元素构成了研发合作企业共享的知识地图,如图 4-3 所示。为了获得领先企业的核心知识,后发企业用边缘知识将与核心知识相关的主题、知识元和资源链接起来,从而逐步接近核心知识的知识地图。

在合作企业共享的知识地图中,为了利用边缘知识链接核心知识,后发企业从领先企业共享的知识地图中抽取出四个边缘知识结构,分别是由 T_2、Ke_6 和 O_3 组成的共享的知识结构 KS_{ps1}、由 T_2、Ke_3 和 O_4 组成的共享的知识结构 KS_{ps2}、由 T_3、Ke_2 和 O_4 组成的共享的知识结构 KS_{ps3} 和由 T_3、Ke_4 和 O_8 组成的共享的知识结构 KS_{ps4}。由这四个共享的边缘知识结构构成的共享的边缘知识地图如图 4-4 所示。这四个共享的边缘知识结构虽然是边缘主题 T_2 和 T_2 下的知识结构,但其中不乏核心知识元素,如知识元层的 Ke_2、Ke_3 和 Ke_6,资源层的 O_3、O_4 和 O_8。而两个边缘主题又分别与两个核心主题有关联关系(A_{T12} 和 A_{T43}),因此可以通过知识关联作用将核心主题纳入这四个知识结构中,从而将共享的边缘知识结构变为共享的核心知识结构。

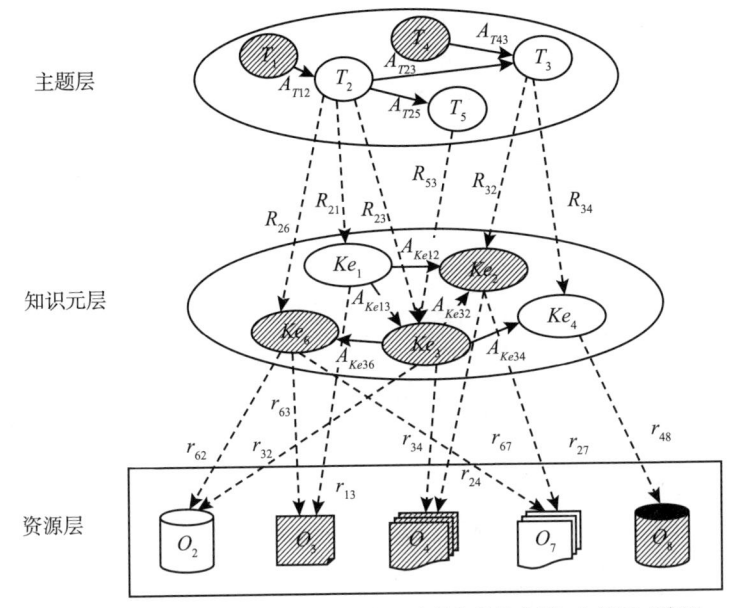

第四章 "边缘—核心"型研发合作模式的知识链接机理

图 4-3 "边缘—核心"型研发合作模式中共享的知识地图

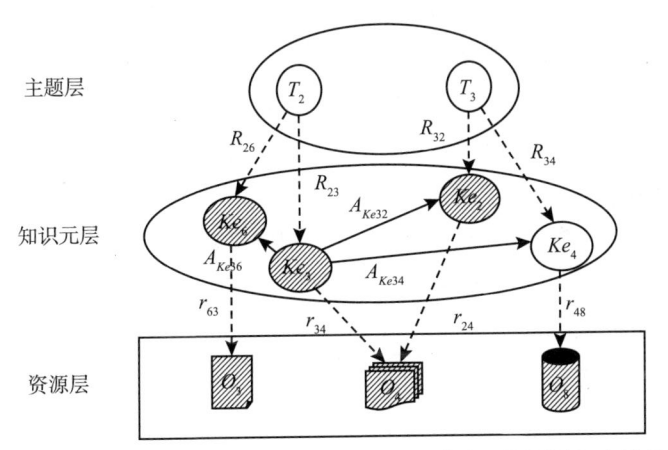

图 4-4 "边缘—核心"型研发合作模式中共享的边缘知识地图

首先将四个边缘知识结构分别表示为：

① $KS_{ps1} = \{k_{ps1} \mid k_{ps1} \in KS_{pse1}, \text{且 } k_{ps1} \in KS_{psr1}\}$

其中 $KS_{pse1} = \{(T_2, Ke_6, O_3)\}$

$KS_{psr1} = \{R_{26}, r_{63}\}$

② $KS_{ps2} = \{k_{ps2} \mid k_{ps2} \in KS_{pse2}, \text{且 } k_{ps2} \in KS_{psr2}\}$

其中 $KS_{pse2} = \{(T_2, Ke_3, O_4)\}$

$KS_{psr2} = \{R_{23}, r_{34}\}$

③ $KS_{ps3} = \{k_{ps3} \mid k_{ps3} \in KS_{pse3}, \text{且 } k_{ps3} \in KS_{psr3}\}$

其中 $KS_{pse3} = \{(T_3, Ke_2, O_4)\}$

$KS_{psr3} = \{R_{32}, r_{24}\}$

④ $KS_{ps4} = \{k_{ps4} \mid k_{ps4} \in KS_{pse4}, \text{且 } k_{ps4} \in KS_{psr4}\}$

其中 $KS_{pse4} = \{(T_3, Ke_4, O_8)\}$

$KS_{psr4} = \{R_{34}, r_{48}\}$

（三）核心知识的溢出

为了将这四个边缘知识结构变为核心知识结构，需要将核心主题 T_1 和 T_4 纳入进来，依据核心主题 T_1 和 T_4 与边缘主题 T_2 和 T_3 的知识关联关系，得到四个核心知识结构。

由公式（4-3）可知，主题间的关联关系用 A_{Tij} 表示，因此核心主题 T_1 与边缘主题 T_2 的关联关系可以表示为 A_{T12}，核心主题 T_4 与边缘主题 T_3 的关联关系可以表示为 A_{T43}。将主题间的关联关系 A_{T12} 和 A_{T43} 加入边缘知识结构 KS_{ps1}、KS_{ps2}、KS_{ps3} 和 KS_{ps4} 中，便得到四个核心知识结构 KS_{cs1}、KS_{cs2}、KS_{cs3} 和 KS_{cs4}。

① $KS_{cs1} = \{k_{cs1} \mid k_{cs1} \in KS_{cse1}, \text{且 } k_{cs1} \in KS_{csr1}\}$

其中 $KS_{cse1} = \{(T_1, T_2, Ke_6, O_3)\}$

$KS_{csr1} = \{A_{T12}, R_{26}, r_{63}\}$

② $KS_{cs2} = \{k_{cs2} \mid k_{cs2} \in KS_{cse2}, \text{且 } k_{cs2} \in KS_{csr2}\}$

其中 $KS_{cse2} = \{(T_1, T_2, Ke_3, O_4)\}$

$KS_{csr2} = \{A_{T12}, R_{23}, r_{34}\}$

③$KS_{cs3} = \{k_{cs3} \mid k_{cs3} \in KS_{cse3}, 且 k_{cs3} \in KS_{csr3}\}$

其中 $KS_{cse3} = \{(T_4, T_3, Ke_2, O_4)\}$

$KS_{csr3} = \{A_{T43}, R_{32}, r_{24}\}$

④$KS_{cs4} = \{k_{cs4} \mid k_{cs4} \in KS_{cse4}, 且 k_{cs4} \in KS_{csr4}\}$

其中 $KS_{cse4} = \{(T_4, T_3, Ke_4, O_8)\}$

$KS_{csr4} = \{A_{T43}, R_{34}, r_{48}\}$

这四个核心知识结构组成了核心知识地图：$KM_{cs} = F(KS_{cs1}, KS_{cs2}, KS_{cs3}, KS_{cs4})$，它不但构建了核心知识结构，还利用边缘知识丰富了核心知识结构（如图4-5所示），增加了后发企业获得领先企业核心知识的数量。

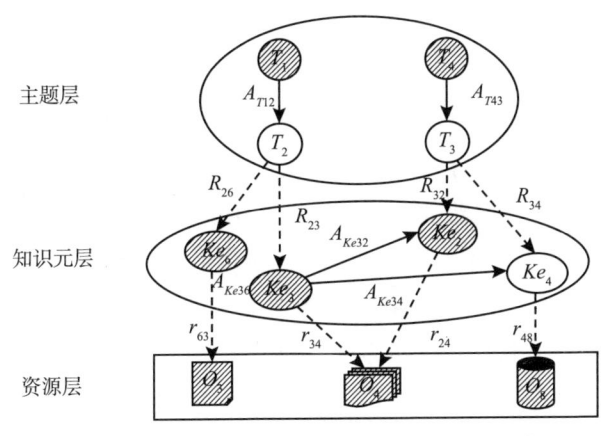

图4-5 "边缘—核心"型研发合作模式中重建的核心知识地图

虽然共享的核心知识地图并不是领先企业核心知识地图的全部，但至少是核心知识地图的一部分，假设领先企业的核心知识地图为KM_c，则$KM_{cs} \in KM_c$。至此，通过边缘知识地图重建了领先企业的核心知识地图，后发企业已经溢出了领先企业的部分核心知识。

由以上分析可知，后发企业通过与领先企业的研发合作，实现了对领先企业边缘知识的共享，又通过抽取边缘知识中的核心知识元素，并利用元素间的链接关系，重建了领先企业的核心知识地图，从而溢出了领先企业的部分核心知识，实现了从边缘知识到核心知识的渗透。同时后发企业还将边缘知识元素融入核心知识结构中，丰富了核心知识结构，增加了核心知识获得的数量。虽然后发企业不能通过研发合作得到领先企业核心知识的全貌，但是通过边缘知识向其核心知识渗透，也能对部分核心知识及其结构有所了解，"边缘—核心"型研发合作的目标已经实现。

四、企业案例模拟

为了更加直观地展现"边缘—核心"型研发合作模式的知识链接机理，本节引入东安与 GE 公司研发合作中边缘知识到核心知识的链接过程进行模拟。1987 年 8 月，东安与美国 GE 公司签订协议，共同完成涡桨 5E（代号 WJ5E）发动机的研制。协议规定，东安负责 WJ5E 发动机的设计工作，GE 负责 WJ5E 发动机的试制工作，并对东安的设计工作进行指导和帮助。WJ5E 发动机是涡桨 5 甲—1（代号 WJ5A—1）发动机的改进，WJ5A—1 发动机存在油耗高、性能不稳定的缺点，经济性能差；WJ5E 发动机的改进目标是，单位燃油消耗率降低 9.4%，发动机结构改进部分第一次翻修前寿命不低于 3000 小时，温度特性不低于原机水平，起动性能和喘振裕度不低于原机水平。要同时实现这四个方面的改进对于东安来说几乎是不可能的，因此东安从降低单位燃油消耗开始，通过与 GE 公司的交流和学习，经过反复改进逐步实现寿命提高和性能稳定的目标。

(一) WJ5E 研发过程中的核心知识与边缘知识

WJ5E 是 WJ5A—1 的改进，产品的制造技术已经具备一定的基础，改进的关键在于发动机的设计。要实现油耗低、寿命高、性能稳定的研发合作目标，必须改进涡轮的气动设计和机械设计，并进行相应的寿命分析和可靠性分析等。因此，WJ5E 研发过程中的核心知识主要落在设计环节，而边缘知识更多地落在试制环节。

1. WJ5E 研发过程中的核心知识——WJ5E 的设计

设计是发动机研发的关键环节，东安在设计环节主要进行发动机的涡轮气动设计、机械设计、寿命分析和可靠性分析等方面的工作，以确保发动机油耗降低的同时提高寿命和可靠性。其中，涡轮的气动设计是东安设计工作的核心，更是东安设计工作中难以突破的部分。因此，涡轮的气动设计是东安改进发动机设计、实现发动机升级目标的关键。

涡轮的气动设计对设计技术的要求极高，尤其是对涡轮流道、三级工作叶片和导向叶片叶型的设计。东安在涡轮气动设计中难以突破的主要问题是：（1）流道设计不合理导致涡轮转子漏气；（2）三级工作叶片间隙过大产生漏泄；（3）工作叶片与导向叶片根部不能封严；（4）无法取消第一级工作叶片冷却；（5）涡轮机匣漏气且冷气量过大。这些问题的解决是东安与 GE 公司进行研发合作的一个重要目的，也是 WJ5E 研发成功的关键。

产品的设计环节与试制环节是分不开的，设计是试制的基础，试制能够为设计的改进提供引导。因此要解决设计中存在的这些问题，可以从产品试制入手。依靠产品试制中采用的新材料、新结构和新工艺，对产品的设计工作产生启发，打破固化的设计理念，给产品设计工作带来新的思想和创意，从而突破产品设计工作的瓶颈。东安就是依靠在与 GE 公司共同试制过程中获得的新材料、新结构和新工艺来突破其在发动机设计环节的"瓶颈"。

2. WJ5E 研发过程中的边缘知识——WJ5E 的试制

试制也是发动机研发的重要环节，GE 公司在产品试制环节主要对各种材料进行加工、装配，并对加工和装配过程进行管理，从而将东安的设计工作落到产品实体上。虽然试制环节主要涉及的是 GE 公司的边缘知识，但是在边缘知识中总会存在一些核心知识的元素，如 GE 公司在产品试制过程中采用的新材料、新结构和新工艺，这些核心知识元素能够通过 GE 与东安的交流链接到东安的设计环节中，与设计环节中的核心知识元素相结合，产生新的核心知识元素，为东安设计工作的改进提供知识支撑，促进其实现发动机改进的目标。

GE 公司在产品试制过程中采用的新材料、新结构和新工艺如表 4-1 所示。其中新材料包括轴向封严齿和防腐叶片涂层（渗铝硅）；新结构包括 W 环结构、弹性环结构、蜂窝外环结构和扇形段涡轮外环结构；新工艺包括三级工作叶片组合真空钎焊工艺和工作叶片冷气槽加工技术。这些新材料、新结构和新工艺的引入给东安的产品设计工作带来了新的血液，东安设计人员通过与 GE 公司试制人员的深入沟通和学习，对这些新材料、新结构和新工艺有了较为深入的了解，为设计工作的改进积累了知识、开阔了思路。

表 4-1　　GE 公司在产品试制过程中采用的新材料、新结构和新工艺

产品试制	新材料	轴向封严齿
		防腐叶片涂层（渗铝硅）
	新结构	W 环结构
		弹性环结构
		蜂窝外环结构
		扇形段涡轮外环结构
	新工艺	三级工作叶片组合真空钎焊工艺
		工作叶片冷气槽加工技术

(二) WJ5E 研发过程中边缘知识与核心知识的链接

设计与试制作为 WJ5E 发动机研发过程的两个重要环节，二者相辅相成、相互促进。发动机的气动设计、机械设计、寿命测试以及可靠性分析等为发动机的制造工作奠定了基础，能否制造出符合要求的发动机在很大程度上取决于设计是否合理；发动机制造过程中出现的问题能够体现出设计中存在的不足，为设计的改进提供引导。事实上，设计和试制是针对相同作用对象进行的不同工作，如设计是对材料的选择，制造则是对材料的使用；设计是对气动结构的确定，而制造是对气动零件的制作与组装。既然设计与制造工作存在如此紧密的联系，在发动机的研发过程中，二者的衔接与互动必然能够相得益彰，创造出更多的新知识。

鉴于产品设计环节和试制环节的密切关系，设计环节中的核心知识必然与试制环节中的核心知识元素存在一定的链接。图 4-6 显示了 WJ5E 气动设计中存在的问题以及通过试制环节的新材料、新结构、新工艺的使用得以改进的过程。W 环结构和弹性环结构的采用为涡轮流道设计的改进提供了思路，东安重新设计了导流盘的盘缘，并减小了工作叶片下缘板的间隙，从而减少了涡轮转子漏气；三级工作叶片组合真空钎焊工艺的使用，减小了叶尖间隙，解决了三级工作叶片间隙过大产生的漏泄问题；轴向封严齿和蜂窝外环结构的使用改善了东安的封严设计，使工作叶片与导向叶片根部的封严性大大提高；防腐叶片涂层（渗铝硅）和工作叶片冷气槽加工技术的使用解决了发动机无法取消第一级工作叶片冷却的问题，使取消第一级工作叶片冷却成为可能；扇形段涡轮外环的使用改进了涡轮机匣的结构，减少了涡轮机匣的漏气量和冷气量。

从试制环节获得的核心知识元素与设计环节的核心知识相链接，产生了新的核心知识，极大推动了发动机设计技术的提高，不仅按照预定目标降低了发动机的油耗，还提高了发动机的寿命和稳定性，东安也因此顺利实现了 WJ5E 发动机的研发目标。

核心知识	链接	边缘知识中的核心知识元素	新的核心知识的产生
涡轮气动设计中存在的主要问题	⇔	发动机原型试制	涡轮气动设计的改进与突破
涡轮转子漏气	⇔	W环结构；弹性环结构	盘缘设计改进，叶片与缘板间隙减小
三级工作叶片漏泄	⇔	三级工作叶片组合真空钎焊工艺	叶尖间隙减小，漏泄减少
叶片根部无法封严	⇔	轴向封严齿；蜂窝外环结构	工作叶片与导向叶片根部封严
取消叶片冷却失败	⇔	防腐叶片涂层；工作叶片冷气槽加工层构	取消叶片冷却成功
涡轮机匣漏气，冷气量过大	⇔	扇形段涡轮外环	涡轮机匣漏气量和冷气量减少

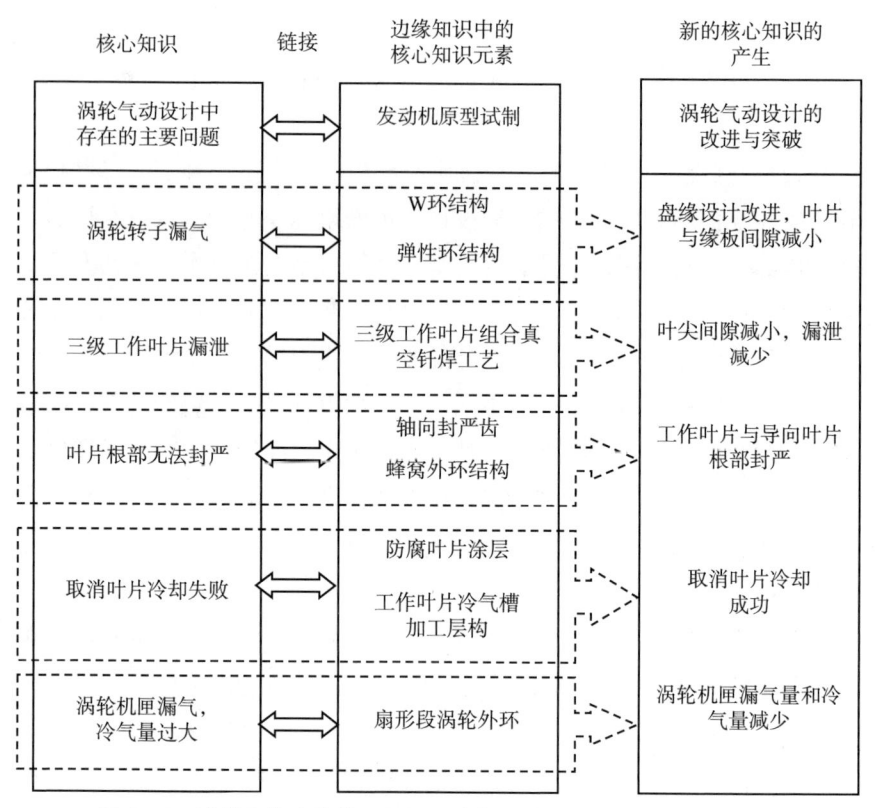

图4-6 试制环节中的核心知识元素与设计环节中核心知识的链接

通过分享 GE 公司试制环节的边缘知识，东安获得了蕴含其中的核心知识元素，并与设计环节的核心知识链接起来，形成了新的核心知识，解决了设计过程中存在的问题，突破了设计"瓶颈"，实现了 WJ5E 的设计目标，同时也提高了东安的发动机设计水平。

1990年9月，WJ5E 发动机接受了台架性能、轴向力测量和整机震动测试，测试结果显示各项性能指标均已达到设计要求，单位燃油消耗率降低9.4%，发动机结构改进部分第一次翻修前寿命在国内发动机中较长，性能、结构和适航方面都优于原机。

五、本章小结

本章基于知识链接理论分析了领先企业中边缘知识与核心知识可能存在的链接关系，运用集合方法演绎了"边缘—核心"型研发合作模式中边缘知识与核心知识的链接过程，并利用东安与 GE 公司研发合作中边缘知识到核心知识链接的实例验证了"边缘—核心"型研发合作模式的知识链接机理。在知识链接及其实现工具理论分析的基础上，得出了领先企业边缘知识与核心知识间可能存在同一性、隶属性和相关性的知识链接关系，从而推动了后发企业从领先企业边缘知识到其核心知识的渗透。数理分析显示，后发企业通过分享领先企业的边缘知识，识别边缘知识中的核心知识元素，构建出核心知识结构，并利用核心知识元素之间以及核心知识元素与边缘知识元素之间的关系，丰富了核心知识结构，增加了核心知识获得的数量。东安与 GE 公司研发合作的实例中，东安通过获得 GE 公司的边缘知识逐渐渗透到其核心知识，进而实现了本公司核心知识的升级，在实践中对"边缘—核心"型研发合作模式的知识链接机理进行了验证。

第五章

"边缘—核心"型研发合作模式下的知识创新过程

后发企业与领先企业进行研发合作的目的，从根本上讲是为了获得领先企业的核心知识，加以利用并创造出新的知识，进而提高自身的核心能力，实现对领先企业的追赶。从这个角度讲，后发企业与领先企业的研发合作本质上是一种开放式知识创新的过程。开放式创新过程由三个部分组成：通过各种渠道获得知识，开发有效的知识占有策略，以及识别、吸收和利用外部知识并整合到企业内部知识库（Huang & Rice, 2009）。对于开放式创新来说，从外部获得知识资源和实现内外部知识资源的整合是创新成功的关键（Lichtenthaler & Lichtenthaler, 2009）。企业需要创造适合开放式创新的组织结构和文化，以更好地获得、识别和吸收外部知识（Dahlander & Gann, 2007）。当然，企业在重视外部知识获取的同时也要重视对企业内部知识的管理，实现外部知识获取和内部知识挖掘的整合与平衡（Gassmann, 2006）。本节以"边缘—核心"型研发合作模式为基础，探讨后发企业与领先企业研发合作的这一特殊模式下，知识创新过程是怎样的，与一般企业研发合作下的知识创新过程相比是否有其独特之处。在后发企业与领先企业的研发合作中，后发企业对领先企业知识的获取主要是通过知识共享和知识溢出实现的，而获取后的知识经由后发企业内部的整合实现创新。因此本章将后发企业与领先企业研发合作中的知识创新过程分为领先企业边缘知识共享、领先企业核心知识溢出和后发企业内外知识整合三个主要阶段，并对每个阶段的要素、实现机制等进行详述，以期发现"边缘—核心"型研发合作模式下知识创新过程的独特之处。

一、"边缘—核心"型研发合作模式下知识创新过程的概念模型

后发企业与领先企业的特殊关系决定了二者的研发合作会非同一般。这里的"先进"与"后发"都是相对概念，领先企业是因为它在知识数量和知识质量方面都具有优于后发企业的明显优势，即领先企业的知识势能高于后发企业的知识势能，二者存在知识势差。知识势差是企业间知识流动的主要动力，也开启了后发企业通过与领先企业研发合作进行知识创新的过程。

"边缘—核心"型研发合作模式下的知识创新过程主要包括领先企业边缘知识共享、领先企业核心知识溢出和后发企业内外知识整合三个阶段。

后发企业对领先企业边缘知识的共享发生在研发合作的开始阶段。后发企业通过正式与非正式的交流分享领先企业的边缘知识，然后通过科学学习和经验学习对分享到的边缘知识进行理解和吸收。知识吸收能力对后发企业非常重要，它不仅关系到对获得知识的吸收和同化，还决定着后发企业对获得知识的改进和利用水平，后发企业知识吸收能力的高低对其知识创新数量和质量以及基于知识存量的创新能力都有非常重要的影响。

后发企业对领先企业边缘知识的分享能够促进领先企业核心知识的溢出。在后发企业与领先企业的研发合作中，知识会从势能高的领先企业流向势能低的后发企业；知识的这种流动，一部分是合作双方共同促进的，即边缘知识的共享，也有一部分并非出于领先企业的意愿而又无法控制的知识溢出，即部分核心知识的溢出。但领先企业的核心知识并不能够直接溢出，而是需要通过边缘知识的共享作为媒介。领先企业出于知识产权保护和竞争优势维持，拒绝与后发企业交流或分享其核心知识，只愿意分享与企业竞争优势不直接相关的边缘知识。后发企业利用分享的边缘知识，基于知识的关联特性和企业强大的吸收能力，间接获得部分核心知识。

在研发合作的后期，后发企业将获得的领先企业的边缘知识和部分核心知识与企业内部知识整合起来，创造出新的知识。后发企业对获得的边缘知识和部分核心知识进行分析和归类，确定它们在其知识体系中的位置，然后依靠知识吸收能力、运用程序化和团队交互的知识整合机制实现内外知识的整合，从而创造出新知识。后发企业进一步将整合的知识运用到企业实践中，通过改进和调试创造出更多的新知识，并在此基础上对企业原有知识体系进行重构，构造出全新的知识体系，企业核心能力随之走上一个新的平台。

随着领先企业边缘知识的共享、核心知识的溢出以及后发企业内外知识的整合，后发企业源源不断地创造出大量的新知识，从而增加了知识存量、提高了知识质量，知识势能也相应提高，与领先企业知识势差逐渐缩小，逐步实现对领先企业的追赶。"边缘—核心"型研发合作模式下知识创新过程的概念模型如图 5-1 所示。接下来本章将对其中的领先企业边缘知识共享、核心知识溢出以及后发企业的内外知识整合三个阶段做详细论述。

第五章 "边缘—核心"型研发合作模式下的知识创新过程

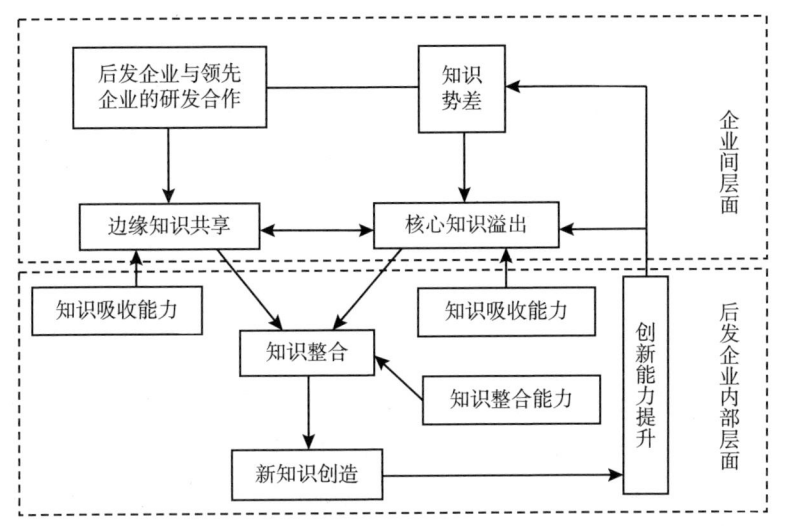

图 5-1 "边缘—核心"型研发合作模式下知识创新过程的概念模型

二、"边缘—核心"型研发合作模式下的边缘知识共享

知识共享（knowledge sharing）是知识在不同主体间流转、并通过隐性到显性的转化为各知识主体理解和吸收的过程。通过知识共享，知识主体可以分享到其他主体的异质知识，从而增加总体的知识存量（李久平和顾新，2007）。一般研究企业间合作情境下的知识共享，都是以合作各方互享知识资源为基础的，合作各方既有知识流入也有知识流出。然而后发企业与领先企业的研发合作属于"传授"式的合作，具有不同于一般企业间合作的特殊之处。在后发企业与领先企业的研发合作中，由于领先企业在知识数量和知识质量方面都高于后发企业，所以领先企业是知识的主要输出方，而后发企业是知识的输入方。虽然后发企业也有少量知识输出给领先企业，但领先企业并不以获得后发企业的知识为研发合作的目的，因此可以不做考虑。此外，后发企业与领先企业研发合作另一个特殊之处在于领先企业只向后发企业输出其边缘知识，对于其核心知识则持保护的态度。虽然在研发

合作中领先企业与后发企业是师徒关系，但在国际市场上二者同样也是竞争关系，领先企业为了保持自己在市场上的绝对竞争优势，拒绝在研发合作中输出自己的核心知识。因此可以得知，后发企业与领先企业的研发合作中知识的共享情况可以描述为：领先企业的边缘知识流向后发企业。

（一）共享的边缘知识类型：显性知识和隐性知识

知识按照可编码程度可以分为显性知识和隐性知识（Polanyi，1958），显性知识是可编码的知识，即知其何（know-what）和知其因（know-why）的知识，如文档、规则、手册等；而隐性知识则是嵌入组织各类结构中的知识，即知其法（know-how）和知其人（know-who）的知识，如技术诀窍、组织惯例、人际关系等以及这些元素组成的系统（Vanhaverbeke et al.，2009）。

知识类型转化的观点认为，只有显性知识才可以共享，隐性知识也只有在转化成显性知识后才能共享（Nonaka，1995；Ipe，2003；刘瑜和王建武，2008）。但也有一些学者相信隐性知识不必通过显性知识的转化也可以直接在主体间共享，只是需要更加深入的交流与互动。吴婷等（2010）指出，隐性知识无法用系统的、编码的语言表达出来，因此不能简单移植和大规模传播；但是隐性知识蕴藏于个人和组织惯例中，通过"干中学""用中学"等方式可以实现从隐性知识到隐性知识的共享。"干中学""用中学"等互动方式并不能通过市场活动来实现，而是需要诸如联盟合作等深入交流的活动来进行（Badaracco，1991）。隐性知识的分享虽然不易，但是隐性知识往往蕴含着企业的核心知识，是企业核心竞争力的真正来源，因此后发企业在与领先企业的研发合作中，要注重对其边缘知识的共享，尤其是对蕴含在边缘知识中的隐性知识的共享，为边缘知识向核心知识的渗透打下基础。

(二) 显性知识和隐性知识的共享机制

无论是显性知识还是隐性知识的共享都需要合作双方的交流，顺畅的交流为知识在领先企业与后发企业间的传播提供了条件，保持双方交流渠道的畅通是成功共享的保障。后发企业的学习能力对于接收领先企业分享的知识也同样重要。缺乏必要的学习能力不仅无法识别对后发企业有用的、甚至是十分重要的知识，更无法理解和吸收这些知识，因此合作双方的交流和后发企业的学习能力培养对于分享领先企业的边缘知识——无论是显性知识还是隐性知识——都十分重要。

1. 合作双方的交流机制

研发合作中双方的交流方式主要通过正式交流和非正式交流来实现（Yang，2010）。正式交流主要通过平台互动、劳动力要素流动、用品和工具流转等方式实现。平台互动是指研发合作伙伴间通过会议、网络等平台沟通、交流，对重要问题发表意见、交换看法并达成一致行动的协议；劳动力要素流动是指合作伙伴一方指派人员参与另一方的工作，或合作伙伴间互派人员到对方企业中从事特定工作，通过人员的流动实现嵌入人员中的知识的流动，进而实现合作伙伴间的知识交流；用品和工具流转则指合作伙伴间通过文件、图纸、材料、设备、产品等知识载体的传播和共享，实现显性知识在合作伙伴间的流转。非正式交流主要通过建立良好的社会关系增进共同理解和信任，使合作双方自愿增加知识共享（Inkpen & Tsang, 2005; Hauand Evangelista, 2007）。非正式交流不受正式规定的约束，组织形式十分灵活，交流氛围也较为宽松和自由，而且往往带有感情色彩，因此非正式交流更能紧密围绕核心问题展开，更具有反馈和互动性，知识传递更加深入和准确。首先，交流对象不受正式体制的约束，企业各个层面的人员均可以实现直接交流；其次，交流方式没有固定的形式，聊天、吃饭、茶会或是拜访都是非正式交流的典型方式；再次，交流载体除了语言外还有肢体语言、操作示范、情感体验等多种载体，能够更加准确和深入地进行知识的传递；最后，交流维度不是单向一维的，而是双向双维的，伴随着交流主体间持续不断的、频繁快速的反馈和互动，保证了传递知识的准确性和交流主体的正确理解。

研发合作中的知识十分复杂，是显性知识和隐性知识交互的整体。对于显性知识的共享，正式的交流是一种规范、高效的实现方法。会议、报告、培训等正式的交流方式一般是按照研发合作协议的规定严格进行的，因此领先企业的知识能够通过这些方式传递给后发企业。正式交流方式下传递的知识以会议纪要、报告文件、培训资料等形式存在，为领先企业的显性知识。由于领先企业对共享知识的范围在研发合作协议中做了明确规定，因此正式方式传递的显性知识不可能超出协议规定之外。因此，如果只按照正式方式进行交流，后发企业实际上只能获得领先企业的非常有限的边缘知识。

对于隐性知识的共享，一些学者反对知识是公共物品的观点，认为隐性知识的溢出是昂贵的，需要通过更加灵活、更加深入的非正式的交流方式实现溢出（Desrochers，2001；Berman et al.，2002）等。非正式的交流可能是最好的知识市场，成员间面对面的沟通会促进知识的转移，特别是隐性知识的共享及根本性创新与突破（Muthesius，2001）。人员分享自身的价值观可使内隐知识表现出来，如在餐厅或酒吧中的聚会，尽管领先企业的技术人员或工程师不倾向于分享他们成功的研发经验，但那些不成功的经验常常足以激发出更深入的研发思想。

可见，非正式交流方式是正式交流方式的必要补充，也是后发企业获得领先企业隐性知识的重要方式。后发企业通过领先企业的边缘知识渗透其核心知识，除了要获得足够的显性边缘知识外，边缘知识中蕴含的隐性知识更是必不可少的重要条件，这些蕴含在边缘知识中的隐性知识正是将边缘知识链接到核心知识的关键。

2. 后发企业的学习机制

学习是指学习者识别和获取外部知识并转化为自身知识的过程。后发企业与领先企业的研发合作中，后发企业的学习能力决定了其在合作过程中吸纳领先企业知识的数量和效率。如果后发企业在其学习能力方面的投入不足，会导致知识共享效果不佳。因此较强的学习能力是后发企业充分共享领先企业知识的条件和保障。

在知识创新管理领域，越来越多的学者开始关注科学学习（Science-Technology-Innovation，STI）和经验学习（Ding-Using-Interacting，DUI）这两种学习方式在企业创新中的重要作用（Lundvall，2004；郭爱芳，2010，2012）。科学学习与经验学习最早由国际著名学者伦德瓦尔（Lundvall）等在欧洲委员会计划项目的一系列研讨报告中提出，伦德瓦尔等（2004）首先根据知识的类型（know-what，know-why，know-how，know-who）划分了知识学习的不同类型：基于科学知识的学习（STI 学习）和基于经验知识的学习（DUI 学习），并提出了相应的创新模型——STI 创新模型和 DUI 创新模型。STI 学习是与科学相关的学习，主要涉及编码知识，取决于显性的 know-why 知识和技术及解释性框架，而 SUI 学习是与经验相关的学习，主要涉及隐性的 know-how 知识和局部性（local）知识，SUI 学习的方式主要包括干中学、用中学和交互中学。

对于显性知识的共享，STI 学习是一种快速、有效的学习方式。后发企业通过接受培训、听报告和接受现场指导等 STI 学习方式可以快速获得领先企业的显性边缘知识。装备制造企业作为技术性极强的企业，技术知识在企业知识中占据着较大比重，因此 STI 学习可以为后发企业技术人员获得领先企业的标准化的技术知识提供非常高效的方法。

对于隐性知识的共享，后发企业需要通过实践性较强的 DUI 学习来实现。干中学表现为后发企业技术人员在与领先企业的技术人员共同完成任务的过程中学习。后发企业技术人员在与领先企业技术人员共同完成工作任务的过程中，通过共同实践了解领先企业技术人员的工作方式和处理问题的方法和理念，从而提高了工作技能和优化了工作流程。干中学表现为后发企业技术人员在使用设备的过程中通过领先企业技术人员的现场指导来进行学习。后发企业通常拥有先进的生产设备但缺乏设备使用的技巧，通过领先企业技术人员的现场指导，后发企业获得了大量使用说明书上没有的技巧和诀窍，大大提高了设备的利用效率。交互中学表现为后发企业技术人员在完成工作任务、设备使用以及各种形式的非正式交流中与领先企业人员产生的双向反馈行为，通过多次、反复地沟通与反馈，后发企业技术人员能够更为深刻和准确地了解领先企业的技术诀窍、设计理念以及研发经验等，为后发企业突破技术难关、实现技术升级提供了宝贵的隐性知识。

可见，STI 学习和 DUI 学习对后发企业学习领先企业知识缺一不可，标准化的技术知识固然要学习，隐藏在工作任务实践、设备使用和研发管理背后的诀窍、技巧、经验和理念对于后发企业技术创新和技术水平的提升同样重要，尤其是领先企业的研发经验和设计理念等，与其核心知识密切相关，应当成为后发企业学习的重要目标。

3. 交流机制与学习机制的交互

STI 学习和 DUI 学习与正式和非正式交流相互对应、相辅相成，共同促进后发企业分享领先企业的边缘知识及隐藏在边缘知识中的隐性知识。在企业研发合作过程中，STI 学习通过建立双方交流的平台或界面，双方共享统一的信息系统和实验设施、会议与讨论，以及合著发表文章或专著等正式交流的方式实现对领先企业显性边缘知识的共享；DUI 学习则通过建立私人关系网络，双方共同进行工作、完成工作任务，建立宽松的管理体制和软的层级制度等非正式的交流方式实现成员间经验、诀窍、惯例等隐性知识共享。通过正式和非正式的交流方式、后发企业的 STI 和 DUI 学习，后发企业能够充分实现对领先企业边缘知识及隐藏在边缘知识中的隐性知识的共享。"边缘—核心"型研发合作模式下后发企业对领先企业边缘知识的共享机制如图 5-2 所示。

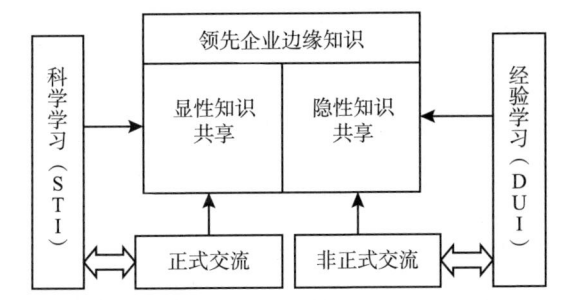

图 5-2 "边缘—核心"型研发合作模式下后发企业对领先
企业边缘知识的共享机制

(三) 共享知识的吸收和利用

后发企业通过正式与非正式的交流分享到领先企业的边缘知识,对这些边缘知识的吸收和利用不仅是促进领先企业核心知识溢出的必要条件,也是后发企业实现知识创新的重要步骤。首先,分享到领先企业的边缘知识并不一定能够渗透其核心知识,这中间需要后发企业对边缘知识进行深入的剖析和理解,发现其中隐含的隐性知识,并找到边缘知识与核心知识的链接关系。其次,后发企业需要对分享到的边缘知识进行识别和同化,转化成符合后发企业情景的专有知识,并在生产与研发实践中加以利用,创造新技术、新产品等,实现后发企业在边缘知识层面的知识创新。为此,后发企业必须具备强大的知识吸收能力,一方面对分享的边缘知识进行识别和同化,为核心知识的溢出奠定基础,另一方面利用内化的边缘知识进行改进和创新,提高后发企业的创新能力,逐步向追赶的实现迈进。

三、"边缘—核心"型研发合作模式下的核心知识溢出

知识溢出是知识主体间发生的无意识的知识传播过程。知识溢出与学习和创新有着密切的联系,知识溢出是通过模仿创新获得的,并能推

动企业的再创新（Griliches，1992）；同时知识溢出也是直接从其他组织那里学习经验（Argote & Ingram，2000）。一些学者用知识溢出主体的自愿性将知识溢出与一般的知识流动相区别。一般的知识流动是互动双方自愿的行为，甚至是要努力促成的；但也有一些知识流动不是出自企业的主观意愿、但又无法控制，即知识的溢出。将知识嵌入企业网络中是避免知识外溢的有效策略（Argote & Ingram，2000），但是研发合作能够打破这种障碍，保证知识的溢出。由于知识的外部性，参与研发合作的企业不能完全占有研发活动的全部成果（Doumont & Meeusen，2000），存在于研发活动中甚至是企业自身的知识会通过研发合作行为溢出到合作伙伴的企业中。然而知识溢出主体通常得不到补偿，或仅得到小于知识本身价值的补偿（Caniels，2000）。

知识溢出对于知识在研发合作企业间的传播十分重要，是研发合作知识创新的基础，也是合作企业知识总量增加的必要条件。领先企业的知识溢出对后发企业非常重要，尤其是核心知识的溢出，后发企业能够依靠它加快知识创新的速度，增加知识存量和提高创新能力，进而推动后发企业对领先企业的追赶进程。接下来分析后发企业通过研发合作促进领先企业知识溢出，尤其是核心知识溢出的机制。

（一）核心知识溢出的条件因素

知识的溢出是一项十分复杂的过程，需要许多条件来保证溢出的实现。后发企业通过研发合作溢出领先企业的知识，需要从组织间和组织内部两个层面考虑核心知识溢出的条件因素，其中组织间的条件因素包括知识的嵌入性与关联性、适当的知识势差和较高的研发合作参与度，组织内部的条件因素主要指较强的知识吸收能力。

1. 知识的嵌入性与关联性

（1）知识嵌入性。根据知识经济的观点，企业是实现信息编码和活动协调所需的各类知识的集合（Kogut & Zander，1993）。隐藏在企业技术、生产、销售和其他活动之下的知识是企业技术能力的来源和基础（Argote & Ingram，2000）。

嵌入性是指知识能够嵌入企业成员、工具、任务、技术、产品和服务等活跃的企业主体以及由这些主体构成的网络中去（Argote & Miron-Spekor，2011）。知识也可以嵌入企业潜在或隐性环境中去，如企业的文化、实践和惯例（Levitt & March，1988；Weber & Camerer，2003；Gherardi，2006）。嵌入人员中的知识成为"认知型知识"，是人对环境的体会和感悟，一般比较主观、原始，但对于人的行为有着支配性的影响；嵌入工具中的知识较为规范和明确，有较强的环境适应性，环境依赖性不强，因此也较为容易转移；嵌入任务中的知识实际上是嵌入人员中的知识和嵌入工具中的知识的整合，因为任务是由人依据自身所拥有的知识作用于各类工具而完成目标的活动，因此嵌入任务中的知识较为复杂；嵌入技术、产品和服务中的知识是嵌入人、工具和任务的知识的综合表现，技术、产品和服务背后的知识隐含了人的知识水平、生产工具的先进性和人的行为方式；嵌入企业文化、实践和惯例中的知识则反映了企业的价值观、思维方式和组织方式，是企业最核心知识之所在，具有很强的路径依赖性。知识与其载体相互依赖、不可分离，这也是知识嵌入性的本质所在（郭艳秋，2012）。

知识的嵌入性为知识寻求了特定的载体，随着载体的流动，知识便可以在企业内部流动，并可能溢出到其他企业或环境中（Mansfield，1985）。但由于知识嵌入的载体不同，知识的流动性也不同。卡明斯（Cummings，2001）将知识的嵌入方式分为简单嵌入和关系嵌入。简单嵌入是指知识仅嵌入一种载体之中，如嵌入人员或工具这种简单的载体之中。这样的知识对环境的依赖性不大，流动性也比较好。关系嵌入是知识嵌入到几种载体组成的关系网络中，这种嵌入涉及的载体较多，载体间的关系也较为复杂，从而在一定程度上导致了嵌入知识的复杂性（Dixon，2000）、不透明性（Hamel，1991）和不可观察性（Hankanson & Nobel，2001），这样的知识流动性也比较差，不容易从企业内部溢出。

（2）知识关联性。知识的关联性来源于知识网络研究。知识网络研究者认为，人类社会所拥有的知识是以网络的形式呈现的，知识节点及知识关联是知识网络的主要构成部分（Liefner & Hennemann, 2011; Chatti, 2012; Nicotra, Nicotra et al., 2014）。知识关联是指知识网络中知识节点间的关系，如知识节点在性质上的同属性，在内容上的相似性，在主题上的相关性，以及在载体上的同一性等等。知识关联具有普遍性和复杂性，对称性，传递性，隐含性，层次性和结构性，动态性和可创造性等多种特性。

知识嵌入性和关联性是知识溢出的必要条件。由于知识的嵌入性，嵌入到企业人员、产品、工具、流程和企业惯例等企业中的知识才能随着研发合作的交流与互动溢出到合作伙伴的知识体系中去；由于知识的关联性，合作企业才能从已经获得的对方的知识中推测出未能获得的知识的内容，尤其是当知识溢出方不愿意分享自己的核心知识时，知识吸收方可以利用对方分享的边缘知识推断出其核心知识，这也是后发企业与领先企业进行研发合作获取其核心知识的主要途径。

2. 适当的知识势差

知识势能（knowledge potential）是某一时期内或某一时点上，某一知识主体所有用的知识能量的水平或状态（Sarrafzadeh et al., 2010; 廖志江等, 2013）。知识势能是知识数量、先进性和流动性的函数，企业所拥有的知识数量越多、越先进、流动性越好，企业的知识势能就越大（舒宗瑛, 2012）。知识势能具有动态性，不同时间点上同一企业的知识势能不同。知识势能是一个相对概念，只有在与其他知识主体比较时才存在。知识势能用于比较不同知识主体所拥有的知识资源数量和质量的不同。由于不同的知识主体在某一时期内或某一时点上所拥有的专业知识数量和质量存在差别，导致了他们的知识势能也不同，于是产生知识主体间的知识势差。当两个知识主体间存在知识势差时，知识会通过双方的交流从知识势能高的一方流向知识势能低的一方，因此知识势差是知识主体间知识流动的主要动力之一（Willcocks et al., 2004）。

正如知识势能可以是企业整体的知识势能，也可以是企业某一领域的知识势能，知识势差也分为整体知识势差和单项知识势差（陈良民，2009）。整体知识势差是企业间在总体知识势能上的比较，而单项知识势差是企业在某一领域知识势能的比较。因此在描述两个企业的知识势差时要明确知识的范围，否则容易产生误解。企业间的整体知识势差是一个相对确定的数值，但单项知识势差则存在很大的不确定性。如一些企业在 A 领域具有强大的势能，而在 B 领域势能很低；另外一些企业在 A 领域的势能一般，但在 B 领域却遥遥领先。因此，在分析企业间的单项知识势差时，一定要首先界定对象知识领域。

知识势差可以从知识存量和知识质量两个方面的差距来衡量（李永周等，2014）。知识存量是企业所拥有的各个领域的知识的数量，表现为企业知识的多样化程度；知识质量是企业知识在某一领域的相对位置，表现为企业知识的先进程度。企业各领域的知识数量多、在某一领域知识更先进表明企业具有更高的知识势能。企业在知识数量与知识先进程度两个方面的差距越大，表明二者的知识势差越大。

后发企业与领先企业无论是知识存量还是在知识质量方面都存在着差异，即存在着知识势差。与后发企业相比，领先企业在各个知识领域拥有的知识总量更多，它的先进性尤其体现在特定知识领域内知识的相对位置较高，专业知识更为先进。由于后发企业与领先企业之间存在着知识势差，且领先企业知识势能高于后发企业，所以在研发合作过程中，更多的知识会从领先企业溢出到后发企业。

3. 研发合作参与度

研发合作参与度（involvement）是指参与研发合作的成员企业参与到合作中来的程度，合作参与度的高低对研发合作的效果有重要影响。要测量合作联盟的参与度，首先要对联盟的特征进行分析。1983 年，美国学者迪马乔和鲍威尔（DiMaggio & Powell，1983）对合作联盟的特性进行了分析，并提出了测量合作联盟特性的三个一级维度，分别是交互作用（interaction）、合作结构（structures）和信息交换和学习（information exchanging and learning）。

（1）交互作用可以分为深度和广度两个维度。深度方面，较浅层次的相互作用是指互动仅限于合作双方管理层及其附属的人和物，较深层次的相互作用则扩大为合作双方的全体人员；在宽度方面，较窄的相互作用指仅与合作对方互动，较宽的相互作用还包括与第三方的互动。

（2）合作结构可以分为三个维度。交易（transactions），合作伙伴关系（partnership）和利益代表（representative）。交易是指资源在合作企业间的合并和转移；合作关系是指合作企业内部形成次级合作联盟，共同致力于完成特定的工作任务；利益代表是指合作企业对外代表彼此的利益。

（3）信息交换和学习定义了知识流动的三种模式。单向流动（uni-directional flow），即信息由一个企业流向另一个企业；双向流动（bi-directional flow），即信息在合作企业间互相流动；多向流动（multi-directional flow），即信息在合作企业与第三方间流动。

合作联盟三个维度及其二级维度具体内容如表 5-1 所示。

表 5-1　　　　　　　　　合作联盟特性的测量维度

合作联盟特性		
一级维度	二级维度	具体内容及表现
交互作用	合作深度	管理层合作/团队全体成员合作
	合作广度	合作联盟内部合作/联盟同时与第三方合作
合作结构	交易	合作双方资源转移与合并
	合作结构	联盟内部形成次级联盟，共同完成工作任务
	利益代表	对外代表合作伙伴的利益
信息交换和学习	单向流动	信息由合作一方向另一方流动
	双向流动	信息在合作双方间相互流动
	多向流动	信息在合作双方和第三方间相互流动

根据迪马乔和鲍威尔对研发合作参与度和嵌入性的测量维度划分，劳伦斯和哈迪（Lawrence & Hardy, 2002）认为那些"深入地合作、团

队精神、双向信息流动"的合作联盟具备较高的合作参与度;而那些"与第三方互动、对外代表彼此利益和多向信息流动"的合作联盟则具备较高的合作嵌入性。合作参与度表示的是合作企业的联动方式,用来分析合作的内部动态性;而嵌入性则表示合作企业被缠绕到合作关系中的程度,用来分析合作的外部网络关系。本书主要研究后发企业与领先企业研发合作的参与度,并未涉及合作联盟与外部网络的关系,因此对于合作嵌入性不做论述。基于迪马乔和鲍威尔的维度划分和哈迪等人的观点,我们更加细致地划分了研发合作联盟参与度等级及其对应的指标内容(见表5-2)。

表5-2 合作联盟参与度的等级及其对应的维度指标内容

参与度等级	维度指标		
	交互作用	合作结构	信息交换和学习
低	管理层合作	资源转移与合并	信息单向流动
中	团队全体成员合作	资源转移与合并	信息双向流动
高	团队全体成员合作	形成次级联盟	信息双向流动

低程度的合作参与度是指合作双方仅在管理层合作,企业其他人员未参加到合作交流中来;双方管理人员没有跨越组织边界,而是在自己的组织内部实现与合作伙伴的交流,交流的程度也仅是将对方的资源吸纳进来,与企业内部知识合并;此时合作双方都在进行单环学习,仅有信息的单向流动,缺乏信息的反馈。中等程度的合作参与度是指合作双方不仅仅是在管理层进行合作,而是全员合作,企业各个层次的人员都能够参与到合作的交流中来;然而双方的人员仍然没有跨越组织边界,在自己的组织内部实现资源的吸纳与合并;此时合作双方不仅接收对方的信息,还会对接收的信息进行分析,并反馈给信息发送方,形成了信息双向流动的反馈回路,实现了双环学习。高程度的合作参与度是指合作双方各个层次的人员都参与合作中,而且跨越了组织边界,形成了正式合作联盟下的次级合作联盟。次级合作联盟是合作双方人员为了共同

完成某一任务而跨越组织边界、部门边界、层次边界或学科边界形成的功能团队，这一团队可以由双方管理人员组织，也可以由团队成员自发组成。由于以任务为导向，且消除了企业、部门、层级即学科边界的障碍，次级联盟内部的信息流动十分频繁，信息反馈和再反馈也非常活跃，因此建立次级团队的合作联盟的创造力和创新效率极高，往往能够取得超过联盟合作目标的显著成果。

合作参与度对后发企业与领先企业研发合作中的知识溢出有重要影响，合作参与度越高，后发企业与领先企业的交互作用就越深，合作关系越稳定，信息的交换与学习也越频繁，因而越能够促进领先企业知识向后发企业的溢出。

4. 知识吸收能力

知识吸收能力是指企业发现外部新知识的价值、引入和同化新知识以及进行商业化应用的能力。当后发企业拥有较强的知识吸收能力，它从领先企业获取先进知识并转化为价值的能力就越强。知识吸收能力对于后发企业吸收领先企业溢出先进知识十分重要。外部知识资源是实现创新的重要因素，而基于知识吸收能力的外部知识资源的利用是创造新知识的必要条件（Gebauer et al., 2012）。科恩和利文撒尔（Cohen & Levinthal, 1990）将知识吸收定义为企业基于相关知识基础而获取、识别、同化和使用外部知识的能力。知识吸收能力包含三种基本的能力：识别外部有用的知识、理解和同化这些知识以及实现商业化应用。知识吸收能力对提高技术能力和实现创新有重要作用。许多学者证明吸收能力与企业技术能力及创新绩效正相关（Becker & Dietz, 2004；Zahra & George, 2002；Yu, 2013）。

研发合作中企业的吸收能力与企业本身的知识存量和合作企业间的知识距离有关，企业本身的知识存量越大，企业的吸收能力越强；合作企业间的知识距离越小，越有利于企业的知识吸收。而企业的吸收能力越强，它寻找和溢出外部知识的速度就越快（Yu, 2013）。因此，知识吸收能力对后发企业研发合作中的知识溢出有重要作用。

(二) 由边缘知识共享到核心知识溢出的过程

后发企业与领先企业研发合作的主要目的是获得其先进知识，提升自身的创新能力，虽然领先企业的边缘知识也能与后发企业知识互补而产生效用，但核心知识的获得却是后发企业核心能力快速提升的关键。因此后发企业试图通过领先企业边缘知识的共享，依靠核心知识溢出的四个条件因素，渗透到其核心知识，促使核心知识溢出到后发企业。

1. 边缘知识和核心知识的嵌入性是核心知识溢出的前提

领先企业的边缘知识和核心知识都具有嵌入性的特征，它们嵌入企业的人员、产品、技术、工具、流程和惯例等组分之中，又通过协调这些组分、引导它们走向新产品和新技术的开发。企业作为一个有组织、有目的、结构化的系统，其中的各种组分相互联系、相互依赖，嵌入到一个组分中的知识与嵌入另一个组分中的知识会通过企业的生产和管理过程联系起来，因此知识可以在企业内部各组分间流动。

同时，边缘知识与核心知识的嵌入性也实现了它们在合作企业间的流动。研发合作促进了合作伙伴间的相互学习，进而促进了企业间知识的转移（Joseph & Badaracco, 1991）。后发企业与领先企业的研发合作加强了企业间的联系，深入地合作还有可能弱化和打破组织边界，形成跨组织团队，嵌入企业组分中的边缘知识和核心知识必然会随着企业合作和跨组织团队的交互流向合作伙伴的企业组分中去，因此，边缘知识和核心知识的嵌入性为核心知识的溢出创造了前提条件。然而，由于知识的黏性，嵌入性知识的流动是十分缓慢和笨拙的。后发企业想要获得领先企业嵌入组织惯例中的知识，就必须与领先企业建立更为复杂和亲密的关系。

2. 边缘知识与核心知识的关联性是核心知识溢出的根本原因

后发企业之所以能够通过分享领先企业的边缘知识来推断其核心知识，正是因为领先企业的边缘知识与核心知识存在内在的关联性。知识是由知识元及知识元的关系构成的，明确了构成知识的知识元及知识元的关系就得到了知识的全貌。由于同属一个企业，边缘知识和核心知识共享企业的全部资源，因此构成边缘知识的知识元可能也会存在于核心知识的知识结构内。后发企业通过研发合作获得了领先企业的边缘知识，就有可能获得领先企业核心知识的部分知识元；那么随着后发企业获得的边缘知识的增多，其获得的核心知识元也越来越多。同时，后发企业通过了解领先企业边缘知识的构成方式，以及领先企业的组织惯例，就会慢慢推断出其核心知识的构成方式。也就是说，后发企业可以通过获得边缘知识的知识元获得核心知识的知识元，通过边缘知识的构成方式获得核心知识的构成方式，从而得到领先企业核心知识的全貌。当然，这些核心知识的内容仅仅是后发企业的推断，其准确度还要取决于后发企业能够获得的边缘知识的数量、后发企业的吸收能力、领先企业知识体系的规范程度以及其他一些不可控的因素。研发合作仅是获得领先企业核心知识的一种可行的方式，但这并不意味着一定能够成功，更不可能通过研发合作获得领先企业的全部核心知识。

3. 后发企业的知识吸收能力是核心知识溢出的基础

企业的知识吸收是企业获取、评价、同化、利用外部知识，进而提高自身能力的过程（Cohen & Levinthal, 1990）。因此企业的知识吸收能力越强，越能将获得的知识转化成企业知识和能力，进而越有利于增强企业对外部知识的溢出能力。由于吸收能力不同，企业即使面临相同的知识溢出环境，它们获得的溢出知识的数量以及从溢出知识中获得的收益也是不同的（Giuliani & Bell, 2005）。在后发企业与领先企业的研发合作中，后发企业利用自身的知识吸收能力对获得的领先企业的边缘知识进行分解,发现其中与核心知识有关的片段,经过同化后应用到企业的知识系统中去,创造新的知识,从而增加了企业的知识存量和质量,提高了企业的核心能力。企业知识存量和质量的增加以及核心能力的提高会增强企业对外部知识的溢出能力,从而能够更多地溢出领先企业的核心知识。

4. 后发企业与领先企业深入的交流与合作是核心知识溢出的保障

交流与合作是后发企业与领先企业实现知识共享的主要方式,而知识共享是知识溢出的重要条件,因此深入的交流与合作对于领先企业核心知识的溢出十分必要。首先,合作双方需要全员参与交流,而不仅仅是管理层人员的交流。由于企业知识分布于其所有人员之中,全员参与交流有利于双方知识的充分共享,从而有利于后发企业获得更多的边缘知识和核心知识的片段。其次,合作双方需要打破组织边界建立跨组织的次级联盟团队,致力于共同完成极具挑战性的任务,并在任务完成的过程中加深了解、加强互动,促使后发企业获得领先企业更多的隐性知识,而隐性知识往往与企业的核心知识密切相关。最后,合作双方要注重信息交流中的相互反馈和再反馈,充分挖掘信息中可能存在的潜在知识,为后发企业洞悉领先企业的核心知识开辟更多的通道。

后发企业利用领先企业边缘知识和核心知识的嵌入性和关联性,通过加深与领先企业的交流与合作来获得更多的边缘知识,进而获得更多的核心知识的片段,洞悉核心知识的全貌。后发企业的知识吸收能力提高了企业的核心能力,推动了后发企业使领先企业溢出核心知识的进程。在这些条件的支持下,后发企业得以在研发合作中通过获取领先企业的边缘知识使其溢出部分核心知识。

(三) 核心知识溢出的路径

要实现从边缘知识到核心知识的溢出,需要多种实体化与非实体化的媒介（Griliches，1992）。由于知识具有嵌入性，领先企业的边缘知识和核心知识都会嵌入企业的人员、工具、技术和流程、惯例中，一方面知识可以通过组织间人员、工具和技术的转移实现溢出（Kane et al.，2005），另一方面也可以通过交互活动实现企业文化、实践、惯例以及企业内部各部分组成的网络等隐性知识的溢出。因此从知识的载体出发，后发企业可以通过与领先企业进行人员互动、设备使用和共同完成工作任务三条路径来实现从边缘知识到核心知识的溢出。

1. 基于人员互动的核心知识溢出

合作企业间人员的互动是知识溢出的主要途径之一，人员在合作企业间的流动加快了知识在研发合作联盟内部的传播（Almeida & Kogut，1999）。在后发企业与领先企业的研发合作中，双方为了加深了解、共享研发知识，往往会互派工程技术人员、管理人员等到对方企业进行交流和学习。合作双方除了对彼此的技术知识水平、管理水平和企业文化等基本情况进行了解外，领先企业还会指派专业的工程技术人员对后发企业人员进行培训，而后发企业也会到领先企业去参观和学习。领先企业的工程技术人员携个人知识和企业知识对后发企业人员进行培训，一方面通过培训等正式交流方式传播领先企业的边缘知识，另一方面也通过聊天、聚餐等非正式的交流方式有意或无意地溢出了个人的经验知识及领先企业的部分核心知识片段。后发企业人员到领先企业去参观和学习，除了获得企业年报、组织架构、市场份额等边缘性的显性知识，还能了解领先企业的组织惯例、管理风格、企业氛围等多种不可言喻的隐性知识，而这些隐性知识往往是领先企业构成其核心能力、保持其竞争优势的关键资源，因此可以说，对这些隐性知识的洞察是后发企业获取领先企业核心知识重要途径。

2. 基于设备使用的核心知识溢出

嵌入设备中的知识具有一定的情境依赖性，这种依赖性并非是对设备和技术本身，而是对使用设备的技术人员。嵌入设备中的知识除了显性的使用方法和流程外，还蕴含了设备使用人员的经验和技术诀窍，这些隐性的经验和技术诀窍仅通过设备的流动无法实现溢出，而需要设备使用人员的共同参与。为了共同研发新产品，后发企业通常需要向领先企业购买先进的生产和测试设备（这也是领先企业同意与后发企业合作的条件之一）。但是由于后发企业的技术知识有限，设备的合理、有效使用成为难题。因此研发合作中领先企业会为后发企业提供设备使用方面的指导，除了提供设备使用的说明材料外，领先企业的工程技术人员还会亲自现场指导，甚至亲自示范设备使用过程。在这个过程中，后发企业的技术人员不仅掌握了先进设备的使用方法，还学到了工程技术人员在设备使用中的一些经验和技术诀窍，从而解决了后发企业以往无法解决的技术难题，提高了生产效率，加速了新产品开发进程。

3. 基于共同任务的核心知识溢出

为了共同完成有挑战性的工作任务，后发企业和领先企业会打破双方的组织边界组成跨组织、跨层级、跨学科的次级联盟团队。次级联盟团队在核心知识溢出的过程中发挥着潜在的重要作用，它能够克服等级制度约束和空间障碍，促进团队成员间信息的双向流动和共享、培育团队成员间的信任关系和交互学习（Zeller，2002）。在次级联盟团队中，后发企业人员能够充分共享领先企业的边缘知识，并通过共同实践了解嵌入领先企业人员、组织流程和惯例中的隐性知识，进而获得边缘知识的组织方式、运用规则和技巧；然后通过类比、移情等方法推断出同一企业惯例和文化引导下的领先企业核心知识的组织方式、运用规则和技巧，从而可以获得领先企业核心知识部分片段。

(四) 核心知识溢出的动力

在后发企业与领先企业的研发合作中，相对于后发企业，领先企业在知识势能上有绝对的优势，于是在双方频繁的交流过程中，领先企业的部分知识会溢出到后发企业，因此后发企业与领先企业的知识势差是核心知识溢出的动力。在核心知识溢出的过程中，随着知识的流入与知识吸收，后发企业的知识势能会逐步提高，与领先企业的知识势差也会逐步缩小，从而形成后发企业对领先企业的追赶。

但是，并非成员间的知识势差越大越好，马基林和卡尼尔斯（Marjolein & Caniels，2001）的研究表明，实际上知识的溢出效率和知识势差之间并非呈现完全线性关系，知识的高效溢出依赖于适度的知识势差，势差过小会造成知识流量过小，势差过大容易造成接收方由于无法消化吸收新知识而使主体间关系疏远。首先，领先企业与后发企业之间的知识势差太悬殊时，知识治理的效率将会降低（Barton，1995）。一方面由于后发企业很难吸收领先企业溢出的知识，更不能为己所用去创造新的知识；另一方面领先企业也会因分享知识的成本过高而放弃知识分享的意愿。因此知识势差太大不利于领先企业知识的溢出。其次，领先企业与后发企业之间的知识势差太小时，知识溢出的数量和效率也会降低。知识势差太小表明领先企业与后发企业在知识存量和知识质量方面的差异不大，二者在知识交流与共享时会产生大量的冗余知识，不仅造成了分享回报率的下降，还增加了高质量知识的甄选成本，从而造成了资源的浪费。由此可见，领先企业与后发企业的势差太大或太小都不利于知识的溢出，选择具有适当知识势差的研发合作伙伴是提高知识溢出效率的关键。

值得注意的是，虽然后发企业试图通过研发合作实现对领先企业的追赶，但二者的知识势差永远无法达到0。因为领先企业的核心知识不可能全部流入后发企业，而后发企业的知识吸收率也不可能达到100%。所以后发企业对领先企业的追赶不能仅仅依靠溢出其核心知识，更重要的是要将溢出的核心知识转化成自身的核心能力，从而提高自身的知识势能，降低与领先企业的知识势差。因此，核心知识溢出、核心知识获取以及核心知识的再创新才是提高后发企业核心能力、实现追赶的充分条件。研发合作中后发企业通过边缘知识溢出核心知识的机制如图5-3所示。

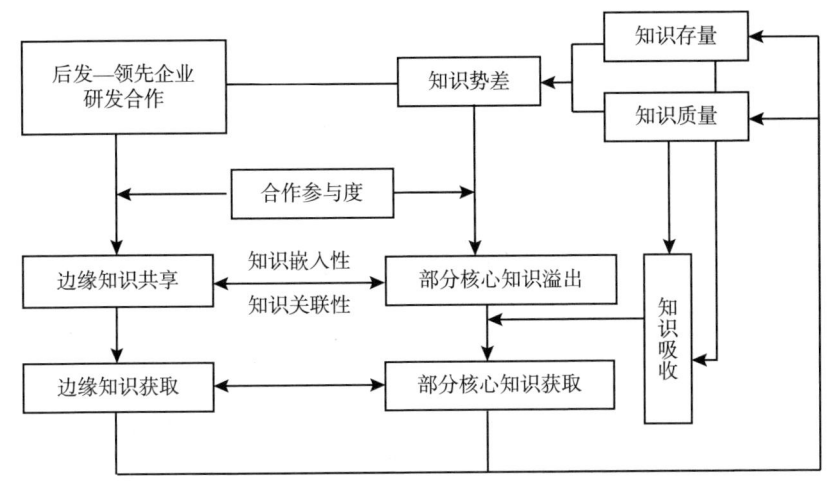

图 5-3　"边缘—核心"型研发合作模式下的核心知识溢出机制

四、"边缘—核心"型研发合作模式下的内外知识整合

企业外部知识获取能力和内部知识整合能力是企业保持持久竞争优势的来源（Iansiti & Clark，1994），因此企业要注重对知识获取过程的延伸管理（Suzlanski，2000），即关注对获取的知识进行整合（George et al.，2001）。知识整合是转化外部知识、实现后发企业知识创新的关键环节。在后发企业与领先企业的研发合作中，当后发企业通过组织学习实现了对领先企业边缘和核心知识的获取后，面临着将这些知识与企业内部知识有机整合的问题。后发企业的内外知识整合就是在企业知识整合平台上，按照知识整合的过程，依据知识整合的规则将后发企业获取的领先企业的边缘知识和核心知识与企业内部知识相整合。在知识整合的过程中，后发企业需要对从领先企业获得的边缘知识和核心知识以及企业内部知识进行甄别，根据其重要性和互补性确定其在企业内部的位置，并运用程序化机制和团队交互机制实现企业内外知识进行的融合、应用与重构，从而创造出新知识，并建立起新的知识体系。后发企业内外知识整合的概念模型如图 5-4 所示。

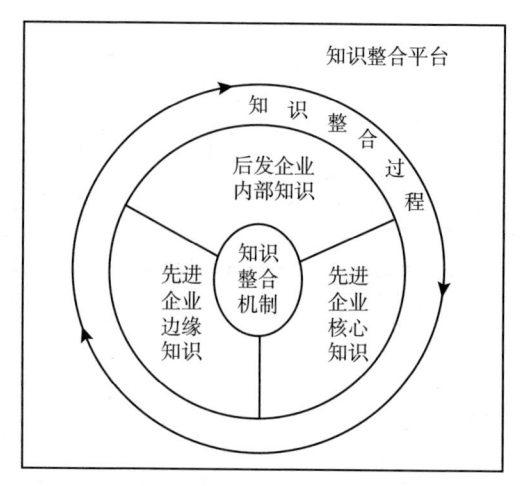

图 5-4 后发企业内外知识整合的概念模型

（一）知识整合平台

日本著名学者野中郁次郎等人（1991）在研究企业知识创新时提出了"场"（Ba）理论，他们认为企业的知识创新必须建立在一个平台上，这个平台能够将不同组织层面（个体层面、团队层面、组织层面和组织间层面）和不同性质（显性和隐性）的知识放到一个"场"内，便于知识在不同主体间转移和在不同形态间转化，进而实现知识的整合和创造。后发企业与领先企业的研发合作需要这样的场来进行知识整合。后发企业与领先企业的研发合作属于跨组织层面的知识创新，双方在技术水平、组织惯例和企业文化方面的差异为双方知识的整合带来了困难。而双方交流中共享和传递的知识也极具复杂性，尤其是一些隐性知识脱离特定情境很难被识别和理解，这无疑增加了后发企业的知识整合的难度。知识整合平台的建立为后发企业系统分析内外知识提供一个共同的情境，将企业内部知识和外部获得的知识纳入这一情境中进行系统分析有利于避免理解上的偏差，从而更好地实现各类知识在后发企业内部的转化和应用。对于显性知识的整合，智能化的知识管理系统能够在文本层面对不同来源、不同性质的知识进行识别、整理和融合，知识地图、专家地图和 ERP 系统等都是实现文本整合的知识管理工具；对于隐性知识的整合，交互式的实践社区通过人的互动与体验，感悟出隐藏在工具和程序中的隐性知识，实现隐性知识到隐性知识的直接转换与整合，共同完成工作任务、现场合作实践等为技术诀窍的优化、流程的统筹等提供了平台。

（二）知识整合过程

对于知识整合过程的研究，一部分学者主要关注企业内部原有知识的重构，如哈默和普拉哈拉德（Hamel & Prahalad，1993）认为知识整合是企业获取、理解和运用其知识的过程；黄和纽厄尔（Huang & Newell，2003）将知识整合定义为组织成员通过社会互动来构建、表达和重新定义集体理念的过程；法雷尔（Farrell）等认为知识整合是企业将已有的知识加以合并、重组，并在此基础上创造出新的知识。但随着开放式创新理论的发展，知识整合的研究逐渐突破了企业边界，转向企业内外知识的整合。扎赫拉（Zahra）等研究了如何整理、吸收和运用企业所获得的知识，并将获得的知识与企业内部知识相融合。邢小强和全允桓（2004）将对企业知识的识别、评价、摒弃、传递与融合认定为企业知识的整合过程，并认为知识整合是旧知识的重新组合、新知识的学习和新旧知识的组合三个过程的综合。曹霞等（2012）从知识地图和知识网络视角分析了旧的知识体系通过知识选择和知识融合，最终形成新的知识体系的知识整合过程，其中知识选择包括知识盘点和知识过滤两个环节，而知识融合则包含了知识的初级融合、中级融合和高级融合三个层次，经过高级融合的知识便完成了知识整合的过程，形成了新的知识体系。赵增耀和于海云（2012）分析了员工流动背景下内外资企业间知识转移的知识整合机制，从能力角度侧面阐释了知识整合的过程，包括知识识别与获取、互动与协调、知识转化与应用。

综合以上研究，学者们通常认为知识的获取和识别是知识整合的起点，而经过整合产生新的知识体系是知识整合的终点。在后发企业与领先企业的研发合作中，后发企业通过交流与共享获取和溢出领先企业的边缘知识和部分核心知识后，后发企业首先需要对这些知识进行甄别，确定知识的种类、价值及其在后发企业知识体系中所处的位置；然后利用各种知识融合规则对企业内外知识进行融合，产生解决问题的具体方法，并应用到企业实际中去；经过多次知识融合、应用和改进，后发企业最终建立起新的知识体系，实现企业内部知识体系的重构。因此，基于学者们的研究成果，结合后发企业与领先企业进行研发合作的特定情境，本书将后发企业的知识整合过程划分为四个阶段：知识甄别、知识融合、知识应用和知识重构。

1. 知识甄别

知识甄别阶段是知识整合的起点，这一阶段的主要活动是对从领先企业获得的知识进行诊断，不仅要区分边缘知识和核心知识，还要确定这些知识在后发企业知识体系中所处的位置，以及它们与后发企业内部知识的关系。

知识甄别既是对后发企业获得的外部知识的诊断，也是对企业内部原有知识的一次梳理。因此，要将获取的外部知识和企业内部知识放到同一个体系下进行整合，就必须对内外知识同时进行甄别。对于企业外部知识的甄别，主要从以下几个方面来进行：知识的内容与属性、知识的类别、知识的效用以及知识的位置；对于企业内部知识的甄别，主要是对内部知识进行盘点。

（1）知识的内容与属性分析。这是对知识本身的分析，明确知识的内容与属性，便于企业对知识的管理，而且能为知识的分类、整合提供基础。知识的内容与属性分析一般包括知识的名称、编号、知识的具体内容和知识的属性特征。知识的名称是知识的唯一标识，与知识的编号一一对应，以相应的标准主题词命名，是检索该知识一个最直接的途径；知识的具体内容是对知识的描述，即对知识进行文字及声像辅助的描述，包括公理、公式、定义、推论、事实、事件、事例、数表等内容，并随着知识的发展不断完善和更新；知识的属性是指知识的 ID，包括它所属的学科类别、关键词、分类号等。后发企业对获得的知识进行内容和属性分析是知识甄别的第一步,只有明确了知识的内容和属性才能将知识进行分类,进而确定知识在知识体系中的位置。另外,知识整合实质是对知识在内容、关系等方面的融合和重构,那么对知识内容及属性的分析就成为知识整合的基础。

(2) 知识的类别分析。知识是一种复杂、抽象的研究对象,基于不同的标准能够得到不同知识类别。知识按照形态可分为显性知识和隐性知识(Polanyi, 1962; Drucker, 1993; Nonaka & Takeuchi, 1994),按照载体分为生命载体知识和物质载体知识(王众托, 2004);按照内容分为描述性知识、程序性知识、原因性知识、关系性知识等(Argote & Miron-Spektor, 2011);按照重要程度分为核心层知识、结构层知识和内隐知识(包振强,王宁生, 2002)。对于后发企业内部知识和获取的外部知识,应该根据知识分析的目的对其进行分类。后发企业与领先企业的研发合作最终目的是开发新产品,因此按新产品开发过程中所涉及的知识进行分类,可分为与产品设计有关的知识,与产品制造有关的知识和与产品测试有关的知识等;新产品开发成功与否在很大程度上取决于关键技术的掌握,因此可以将与新产品开发关键技术直接相关的知识划分为核心知识,将其他辅助新产品开发的知识划分为边缘知识。不同分类标准下的知识类别并没有具有明确的界限,而且可能是重叠的。如与产品设计有关的知识可能是显性知识与隐性知识的结合,同时又属于企业的核心知识;而企业的结构性知识可能包括了新产品开发过程中所有类别的知识,也可能包含着特定结构下核心知识与边缘知识的组合。因此对于企业内外知识的分类,要以知识分析的目的为依据,并注意从不同角度对同一知识进行分类,从而增加知识整合的多样性,提高知识创新产出和效率。

(3) 知识的效用分析。对于知识的效用,要站在系统的高度、从整体与部分相辅相成的角度来分析。知识作为知识体系的一部分,一方面要看到其在实际应用中发挥的效用,另一方面也不能忽视其在特定位置上对知识系统产生的作用。有些知识可能在实际应用中没有显露出重要的作用或产生出显著的效果，但在知识体系中却居于枢纽位置，实现了知识体系的有效衔接，保证了知识体系的完整性，并为知识体系系统功能的发挥提供了不可或缺的条件。因此可以得出，知识效用的大小不仅取决于本身的特性，最重要的还是是否将知识放到了一个合适的位置上。放到合适的位置上，即使知识本身效用很小，也能在系统中发挥巨大的作用；没有放到合适的位置上，即使知识本身潜力很大，但终究难以发挥全部作用。因此，后发企业在识别从领先企业获得的知识时，要从系统的高度去分析知识的效用，善于利用知识的系统性，充分挖掘知识本身的价值及其潜在的能力，为内外知识的整合提供更多的可能。既然知识效用的发挥在很大程度上取决于其所处的位置，接下来就对知识在知识体系中的位置进行分析。

（4）知识的位置分析。知识在企业中并不是单独存在的，而是嵌入整个企业的知识体系中，成为企业知识网络中的一个节点，这个节点在网络中的位置往往决定了知识的效用、知识的链接关系以及知识可能存在的潜力。知识在知识体系中的位置可以由知识类别、知识级别和知识地址这三个方面确定。确定了知识的位置也就意味着明确了该知识与其他知识在内容、结构、背景等方面的关系，包括先导、条件、因果、继承、方法等，这种关系的识别有利于更加全面地了解该知识，同时有利于对该知识所在的知识体系进行分析。对后发企业获得的边缘知识、核心知识进行分析，可以根据这些知识的内容、属性、类别、效用以及知识级别和地址确定其在后发企业原有知识体系中的位置，以便于知识模块化整合。但需要指出的是，后发企业从领先企业获得的知识，尤其是一些核心知识，可能会超越后发企业原有的知识体系，从而无法找到合适的位置。这种情况下，看似很难实现核心知识与后发企业原有的知识体系的融合，实则是后发企业提升其知识体系的重要机会。领先企业的核心知识正是后发企业知识体系中缺少的知识元素，核心知识较高的知识级别虽然不能直接与后发企业知识节点链接，但却能导引整体知识体系的结构性变革，而这正是后发企业进行根本性创新所急需的。

（5）企业内部知识的盘点。后发企业内部原有知识长期存储在知识库中，对于那些不常用的知识难免会被搁置、冻结甚至遗忘。企业在接收外部知识的同时，需要对企业知识库中的知识进行盘点，重新了解和梳理企业内部被冻结的知识，加以激活，清点企业所拥有的知识总量，确定企业知识的分布，以及明晰企业的知识结构，这些都是整合企业内外知识的必要前提。此外，企业通过知识盘点梳理出清晰的知识脉络和结构，有利于外部知识快速找到在知识体系中的位置，进而提高内外知识整合的效率。

2. 知识融合

知识融合阶段是知识整合的基础环节。这一阶段的主要任务是将获得的知识与后发企业内部知识进行匹配与协调，从而创造新的知识，找到解决问题的方法。亨德森和克拉克（Henderson & Clark, 1990）区分了新产品开发中的两类知识：组分知识（component knowledge）和结构性知识（architectural knowledge）。组分知识是产品中每个部件的核心设计思想和将其思想应用到特定部件的方式；结构性知识是将以上部件装配或者连接，进而形成整体所需的知识。组分知识一般以问题为导向，而在产生特定解决方案的过程中，往往可以发展出结构性知识。在知识的融合阶段，后发企业主要是将从领先企业获取的边缘知识及核心知识与内部相关知识进行匹配和协调，因此是组分层面的知识融合，其目的是解决产品研发过程中遇到的具体问题。

在后发企业与领先企业的研发合作中，新产品研发成功在于关键技术的突破，因此双方技术知识的融合显得十分重要。后发企业在获得了领先企业的知识之后，首先要进行内外知识的匹配。由于技术水平、国别、语言、文化等方面的差异，后发企业与领先企业在技术标准、知识组织、知识配置、企业理念等方面都存在很大的差异，这些差异将会增加内外知识对接的困难，容易发生混淆，因此后发企业要对获取的领先企业的知识进行理解和分析。将外部知识解码，经过理解后按照后发企业的规则进行重新编码，再将重新编码的知识与后发企业的知识相匹配，找到知识的衔接点，进行知识的融合。然而，外部知识不可能完全与企业内部知识对接,因此有时需要对内外知识同时进行调整,将两方面的知识放在同一标准下统一分解,再统一编码,形成一种完全不同于企业内部和外部知识的新知识。这些新知识的产生必将会给产品研发过程中产生的问题带来解决方法。

知识融合是一项系统工程,需要后发企业内部所有部门共同完成。一方面,由于各部门之间专业分工不同、信息不对称和本位主义等因素,往往限制了知识在部门间融合的能力与效果,所以企业高层管理人员必须从全局角度重视和推进知识的融合。另一方面,部门内部的知识融合是企业层面知识融合的开始,因此需要企业内部各级部门人员打好扎实的功底,为整个企业的知识融合提供基础,保证企业整个知识体系的最优融合。

3. 知识应用

知识应用是知识整合的实施阶段。知识应用是将融合的知识运用到企业生产和研发实践中,获得产品和服务的过程(Demsetz,1991)。知识应用往往是问题导向,知识应用的过程就是利用融合的知识找到解决具体问题的方法。知识应用是知识改进的重要方式和知识再创新的重要来源(Henderson & Clark,1990;Henderson & Cockburn,1995)。知识的最终目的是转化成产品、创造价值,当知识应用到企业生产实践活动中时,可能会与实际脱节,或者不符合实践活动所处的情境,因此需要对知识进行调试与改进。知识的调试与改进实际上也是一种知识整合过程,在这个过程中,经过企业内外知识融合产生的知识与实践活动的情境进行整合,从而创造出具体情境下的专门化的应用知识。后发企业在开发新产品的过程中必然会遇到一些困难,一些技术和关键环节很难突破。通过与领先企业的合作获取其先进的知识,与企业内部知识融合后形成新的先进知识,用于解决新产品开发中遇到的困难。在解决困难的过程中,融合产生的新知识可能还需要进行进一步的改进以适应后发企业的实际;在改进的过程中,新的技术、诀窍、工艺等也随之创造出来。因此,经过知识的应用,不仅能够解决企业新产品开发过程中遇到的实际困难，同时还能创造出更多的实用的技术知识和诀窍，从而大大增加了后发企业内部新知识的存量，为后发企业知识体系的重构提供了条件和基础。

4. 知识重构

知识重构是知识整合的提升阶段。知识重构是在基于知识应用的结果对原有知识体系的组合方式进行的改造和升级。与知识融合阶段不同，重构的对象是结构性知识，其目的是建立崭新的知识结构和知识体系。经过对融合知识的应用，后发企业获得了对融合知识的检验和进一步提升，从而得到了更多的先进知识。这时企业不再满足于在组分知识层面改进原有知识，而致力于在知识结构层面对原有的知识体系进行更新和发展，通过系统化的加工创造出一种全新的、高级的知识体系，实现企业知识体系的更新换代和升级。亨德森和克拉克已经意识到知识的整合不仅仅是组分知识的融合，还是对融合了的组分知识的一次重新配置，也就是说，新产品开发过程是对组分知识的融合和结构性重构。

知识重构是一个动态过程，是在企业知识整合目标、任务、企业发展战略的基础上，依照新的原理和程序，对融合的知识进行重新配置和安排，其目的是改善企业的知识结构，并提升企业的知识价值。后发企业通过与领先企业的研发合作获得其先进知识，与企业内部组分知识融合产生新的知识，在经过多次应用和改进后，往往能够发展出更多的、更适用于后发企业情境的先进知识；大量新的先进知识的产生为后发企业更新、升级其知识体系提供了客观条件，在提升企业知识价值和能力的动机下，后发企业开始对原有知识体系进行大规模的改造，构建更加先进、理念更加新颖、结构更加完善的新的知识体系。知识重构不再停留于知识更新，而是在此基础上的理念更新。新的先进知识的引入和创造，不仅提高了后发企业的技术能力，还提高了后发企业的思想意识和逻辑观念，进而引导企业人员改变了原有的思维方式和企业组织方式，尤其对企业的生产流程、管理理念的改变产生了巨大的影响。在新的思维方式和理念的指导下，后发企业摒弃了原有的知识体系，重构了新的、更为先进和高效的知识体系，企业的整体知识水平也随之更新和升级。

图5-5显示了后发企业整合内外知识的过程。后发企业内外知识整合的过程具有以下特征：首先，后发企业的知识整合过程是企业内部知识与企业外部知识整合的过程，其中企业外部知识指后发企业从其研发合作伙伴——领先企业那里获得的边缘知识与核心知识。这些外部知识是后发企业提高自身知识存量和知识质量、创建新的知识体系的主要资源。其次，后发企业的知识整合是一个由原有知识体系发展为新知识体系的过程。后发企业依靠其强大的知识吸收能力将企业内部知识与获得的领先企业的知识相融合，产生新的组分知识，更新了原有知识体系中的旧知识；然而后发企业并没有浅尝辄止，而是通过知识的应用改进和创造了新知识，从而大大增加了企业内部新知识的存量，为知识的结构性重组提供了条件。因而，通过知识结构的重组构建新的知识体系才是后发企业知识整合的最终目的。再次，从原有知识体系发展为新知识体系的过程中，后发企业的知识构建理念发生了变化。领先企业边缘知识和核心知识的流入不仅推动了后发企业显性知识（如技术知识、管理知识等）的创造，同时也潜移默化地影响着后发企业隐性知识的发展，其中一个较为深远的影响就是对后发企业的知识构造理念的影响。知识的构造理念不同，知识的组织方式和表现形式也完全不同。在知识存量不变的情况下，知识构造理念的改变可以影响知识结构中知识元的链接关系，由于知识元的链接关系有多种，不同的知识构造理念下企业所注重的链接关系也有所不同，从而促进了知识结构的大幅度改变。知识结构的改变直接影响到知识效用的发挥，因此企业改变知识构造理念可以在不改变企业知识构成的基础上改变知识的效用。在知识融合阶段，后发企业还是按照原有的知识构建理念来整合企业内外知识，在原有的知识体系下创造新知识；当知识应用不断改进和具有创造力的新知识越来越多时，后发企业的知识构建理念逐渐发生变化，并在新理念的支撑下对原有知识体系进行重构，最终建立起新的知识体系。

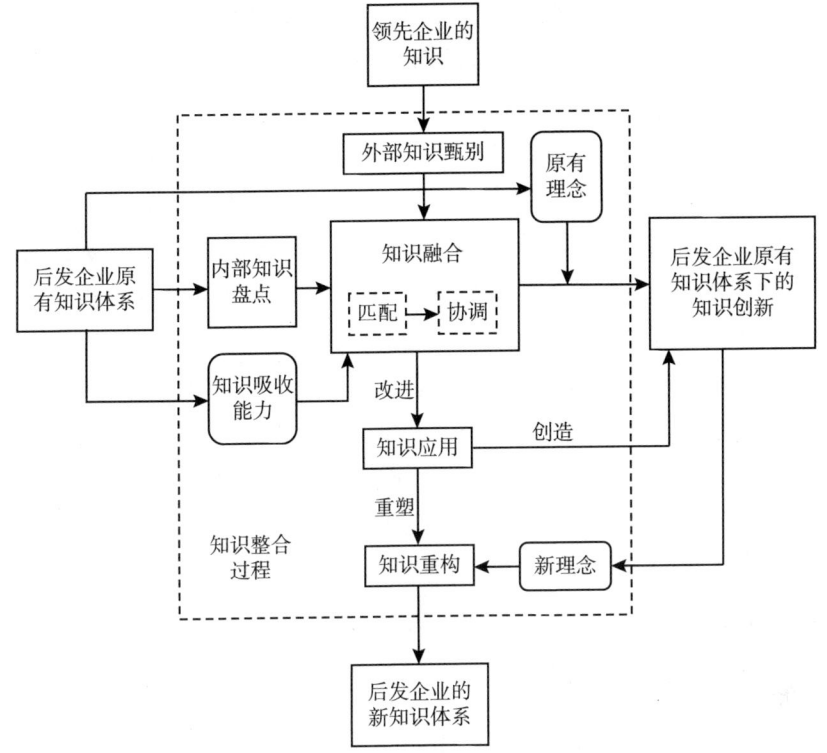

图 5-5 后发内外企业内外知识整合过程

(三) 知识整合的实现机制

对于知识整合实现机制的研究，最经典的是格朗（Grant，1996）提出的四种机制：规则与指令、顺序、惯例、团队解决问题及团队决策。规则与指令是指利用计划、安排、预期、规则、政策和程序等非主观的工具来进行标准化的信息交流（Van de Ven et al.，1976），进而实现显性知识的整合；顺序是指在一个时间序列下组织生产活动，每个个体都在一个特定的区间内独立输入自己的专业知识，多个个体在整个时间序列下组成一个整体，实现个体知识的整合；惯例是一种复杂的组织行为，它由一个很小的符号或选择触发，却会生成具有明显特征的团体（Winter，1986）。通过惯例进行知识整合能够在缺少组织规则、指令或口头命令时支持组织内部人员的复杂交流模式；团队解决问题及团队决策是团队内部多个个体间的、高强度的交流，适用于复杂性和隐性程度高的知识的整合。这四种机制从节约整合成本的角度出发，从低到高依次提出了知识整合的途径。事实上，从知识的属性角度分析，这四种机制可以概括为对显性知识的程序式整合和对隐性知识的团队交互式整合。由于显性知识的标准化和易操作性，显性知识的整合可以通过规则、指令和顺序等程序化的途径来进行整合；而对于复杂的、非标准化的隐性知识，可以通过团队成员间的交互活动实现整合。以新产品开发为主要目的的研发合作中，后发企业从领先企业获得的边缘知识和核心知识大多数为技术性知识，属于显性知识，因此可以通过程序化的机制来实现其与企业内部知识的整合；然而通过多次、深入的互动，后发企业也会感知到领先企业一些思维模式和管理经验，这些隐性知识可能无法用语言来表达，但可以在团队实践中体现并实现交互，所以团队交互是后发企业整合其获得的隐性知识的重要方式。

1. 程序化实现机制

产品的设计、制造技术等显性知识可能是十分明确的，但是如果不能很好地表达和组织，也是混乱的，无法有效地使用。程序化为显性知识的组织和整合提供了一个良好的途径。首先，企业要建立一系列的程序，如产品开发程序、设备操作程序、生产报错程序等，个体可以将自身的知识导入对应的程序区间中，所有程序区间上的个体知识便组成了一个完整的知识链，应用于实践。例如在新产品开发过程中，设计师、制造师和检测师分别拥有相应的专业知识，为了实现他们知识的对接以及完成新产品的开发，他们需要将各自的知识导入新产品开发程序中，并通过调整实现相互衔接，从而形成一套新产品开发的流程和规则，实现了个体间知识的整合与应用。对于后发企业外部获取知识与企业内部知识的整合，企业要先通过对外部知识的甄别，确定其在程序中的位置，然后将外部知识与其对应位置上的内部知识相融合，产生对实践有用的新知识，并应用于实践。这种通过程序化的方法将企业内外知识进行整合，可以为外部知识迅速找到内部契合点，避免外部知识与内部知识的脱节，是整合企业内外知识的有效机制。

程序化的知识整合机制是在后发企业智能化的知识管理系统中完成的。智能化的知识管理系统为内外知识的整合提供了各类程序，后发企业也可以改变或重新建立程序以适应不同特点和不同目标下知识整合的需要。程序化整合机制的成功实施，最关键的是设定适当的程序。程序是一种链式的知识组织方式，知识的不同组织方式产生的效果也大相径庭。因此，如何设计一种适当的程序是知识能否发挥最大作用的重要前提。程序的设计受知识特点、目标、资源以及设计者能力和理念等多种因素的影响，不同的知识特点、目标、资源禀赋和设计者偏好也会产生完全不同的程序设计。然而，程序的设计又是灵活的，同一目标下的程序可以设计成完全不同的样式，同一程序也会致力于完成完全不同的目标。为了有效实现某一目标，程序的设计十分关键，同样的知识在一种程序下可以转化成效用，在另一种程序下却未必能转化，因此良好的程序设计是实现知识有效整合的关键。

2. 团队交互实现机制

后发企业从领先企业获得的知识，大部分是以技术知识的形式存在的，但是也有一部分是以隐性知识的形式存在的，而这些隐性知识往往是领先企业获得竞争优势的核心知识。对于这些隐性知识的转移、解析和利用，是后发企业提升自身核心能力的关键。然而由于隐性知识的难于表达性和复杂性，一方面，它们很难被后发企业人员所理解和应用；另一方面，也不易于在后发企业内部进行交流且较难与后发企业的内部知识相融合，从而造成了外部隐性知识的搁置和后发企业能力提升的失败。后发企业建立团队交互机制可以有效地解决这个问题。团队交互机制是指建立跨部门、跨管理级别和跨专业的团队，团队成员通过共同实践来完成工作任务。这种团队可以通过实践活动实现多个个体间的、高强度的交流，对于复杂性和不确定性都较高的隐性知识，是一种有效的交流方式。团队交互机制是在后发企业交互式的实践社区平台上完成的。在社区平台上，团队成员不必将他们的隐性知识显性化，而是直接通过实践活动表现出来，为其他团队成员所感知，从而实现了从隐性知识到隐性知识的交流。在获取了领先企业的隐性知识之后，后发企业团队成员首先通过内化将获得的隐性知识与自身的隐性知识相融合，从而改变自己的实践活动；成员实践活动的改变为其他成员所感知，在成员互动的过程中，所有成员的隐性知识（已经融合了外部隐性知识的隐性知识）将会进一步融合，最终形成内外整合了的隐性知识。

团队交互是一种高强度的、非标准化的整合机制，要求团队成员具备较高的知识水平、领悟能力和创新能力，因此团队成员的选择和团队的组织与激励十分重要。团队成员要选择各部门、各专业领域中具有开放性和系统性思维的人员，同时还要具备扎实的知识基础和灵活的知识运用能力。企业对于团队的活动也要以宽松和鼓励为主，避免因过多干预和限制造成对团队成员创造力的压制。

3. 程序化与团队交互机制的二象性特征

程序化和团队交互作为知识整合的两种实现机制，在显性知识与隐性知识、客观与主观、标准化与灵活性等多个方面形成对比，但又统一于企业内部知识整合机制之中，二者具备典型的二象性特征。

（1）程序化与团队交互机制具有整体二象性。整体二象性是指整体必定由相反的两个方面组成，也就是说，事物是由完全相反的两个方面组成的，构成事物整体的两个部分在性质、方向等方面完全相反，但二者又统一于事物本身，构成了一个整体。一方面，程序化和团队交互是相互区别的两种知识整合实现机制。程序化的对象是显性知识，个体知识依照计划、安排、流程、规章、指令等客观的规则，通过信息管理系统等标准化的工具自动整合起来，产生更高价值的显性知识；团队交互的对象一般是隐性知识，成员通过正式会议、头脑风暴、共同实践、非正式交流等各类交互活动共享、转移内化于团队成员自身的知识，并通过感知、领悟、迸发等主观、内在化的方式实现隐性知识的整合和创造。团队交互过程十分发散和灵活，不拘泥于特定的形式和范围，但往往能够整合和创造出高度复杂和系统化的隐性知识，而这些隐性知识往往是企业核心能力的来源。另一方面，程序化和团队交互又共同构成了企业知识整合实现机制的整体。企业是由显性知识和隐性知识共同组成的，因此企业必须同时拥有对显性知识和隐性知识整合的机制。程序化机制规范化水平高，操作成本低，适用于显性知识的整合；团队交互机制交流更加深入，灵活性和自主性高，适用于隐性知识的整合，也能避免隐性知识转化成显性知识带来的高成本和知识流失问题，提高了隐性知识整合的效率和质量。企业知识整合离不开程序化和团队交互，二者共同促进了企业知识整合的实现。

（2）程序化和团队交互机制具有动态二象性。动态二象性是指组成整体的相反的两个方面在平衡过程中可以相互转化。虽然程序化和团队交互机制分别适用于于显性知识和隐性知识的整合，但是由于知识本身的模糊性，显性知识和隐性知识的界限并不十分清晰，因此程序化和团队交互机制也存在交叉，在实际应用中有可能相互转化。一方面，显性知识的整合需要隐性知识整合的支持。由于知识的复杂性，显性化的符号并不能完全代表知识的全部涵义，再显性的知识也会有其隐性内涵。如掌握了汽轮机的制造技术也不一定能够制造出汽轮机，因为在制造过程中需要许多技巧和经验，这些技巧和经验往往无法用语言、符号来表示，只能在多次实践中感悟和积累。也就是说，汽轮机的成功制造既需要显性的技术知识又需要隐性的经验知识，那么在汽轮机制造技术整合的过程中就必然需要通过团队交互来整合其中的隐性知识，否则汽轮机制造技术的整合只能浮于字面，而无法在实际操作中真正获得提升。另一方面，隐性知识整合也离不开显性知识整合的辅助。隐性知识虽然可以通过团队交互实现直接整合，但完全进行隐性知识到隐性知识的交流容易产生误解，而且隐性知识的保存和传播终归需要依靠程序化的显性知识。因此在隐性知识的整合过程中，需要适当进行一些程序化的操作，以确保隐性知识的整合不会脱离正确的方向，并为隐性知识的阶段性保存提供载体。

（3）程序化和团队交互机制具有辩证二象性。辩证二象性是指程序化和团队交互机制的整体二象性和动态二象性作为两个对立面可以同时存在于企业内部知识整合机制之中，二者既相否定又相互依赖，既相互印证又相互否定。程序化强调客观与标准化，团队交互强调主观与灵活性，二者相互对立、相互否定，但是正如显性知识与隐性知识无法明确分离开，程序化和团队交互机制的界限也很模糊，二者谁也无法离开对方单独存在，他们相互依赖，支撑着彼此的实现。因此，后发企业在整合内外部知识时，要善于柔性地运用程序化和团队交互机制，既不能将二者混为一谈，又不能将二者完全分离开，要根据知识的特点、知识整合的背景和时机，选择最适合的实现机制及其组合。

通过以上对后发企业知识整合平台、知识整合过程和知识整合实现机制的分析，本书提出了后发企业知识整合机制模型，如图5-6所示。

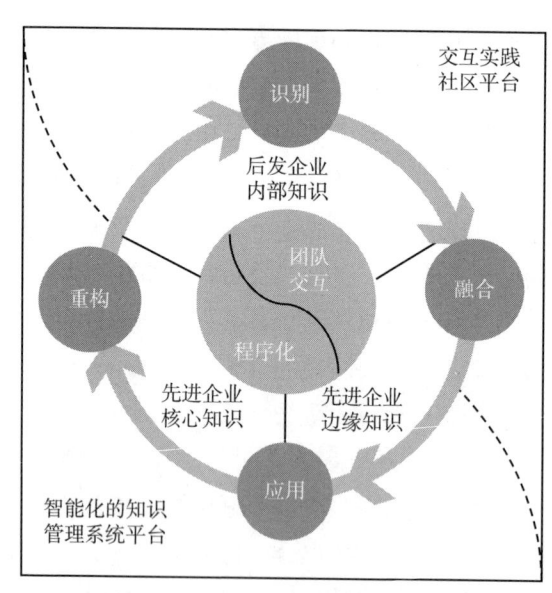

图5-6 后发企业知识整合机制模型

五、本章小结

本章在建立"边缘—核心"型研发合作模式下知识创新过程概念模型的基础上，对领先企业边缘知识共享、领先企业核心知识溢出和后发企业内外知识整合三个知识创新的主要阶段进行分析。在领先企业边缘知识共享阶段，分析了合作双方正式与非正式的交流机制和科学与经验的学习机制，并强调了知识吸收能力的重要作用；在领先企业的核心知识溢出阶段，在明确核心知识溢出的条件因素的基础上，分析了边缘知识共享到核心知识溢出的过程，并对核心知识溢出的路径和动力机制进行了阐述；在后发企业整合内外知识的阶段，提出了知识整合的平台，并分析了知识整合的过程和机制。通过对后发企业研发合作各个阶段的分析，发现"边缘—核心"型研发合作模式下的知识创新开始于领先企业边缘知识的共享，经过核心知识溢出这一重要阶段，进入后发企业内外知识的整合，这一过程展现了"边缘—核心"型研发合作模式下后发企业知识创新过程的独特特点。

第六章

"边缘—核心"型研发合作模式下后发企业追赶过程的仿真分析

本书通过探索性案例分析得出了后发企业通过与领先企业进行研发合作实现追赶的模式——"边缘—核心"型研发合作模式,并分析了该模式的知识链接机理及知识创新过程。但以上研究均是从静态角度出发,缺乏对后发企业追赶过程的动态分析。本章总结后发企业研发合作模式及其知识链接机理和知识创新过程的理论分析,构建后发企业研发合作追赶过程的理论模型,并以此模型为基础对"边缘—核心"型研发合作模式下后发企业的追赶过程进行仿真分析。本章将"边缘—核心"型研发合作模式下后发企业的追赶过程分为三个相互作用的子系统:后发企业与领先企业的研发合作子系统、后发企业的知识创新子系统以及后发企业创新能力提升子系统,并基于复杂系统理论将三个子系统有机整合起来,构建二阶系统动力学模型,利用系统动力学方法来描述、量化三个子系统之间的动态关系,模拟后发企业通过与领先企业的研发合作进行知识创新、提高创新能力并最终实现追赶的系统演化过程。

第六章 "边缘—核心"型研发合作模式下后发企业追赶过程的仿真分析

一、理论模型与仿真方法简介

(一) 理论模型

中国两家大型装备制造企业与国际领先企业研发合作的案例揭示了基于追赶的后发企业研发合作的模式:"边缘—核心"型研发合作,即后发企业通过与领先企业在边缘知识领域合作逐渐渗透到其核心知识领域,迂回地获取领先企业的核心知识,为后发企业的知识创新和创新能力提高奠定优质的知识资源基础。"边缘—核心"型研发合作模式之所以可行,要归因于边缘知识与核心知识的链接关系;知识链接机理为后发企业研发合作中边缘知识到核心知识的渗透提供了理论解释。"边缘—核心"型研发合作模式下的知识创新和创新能力提升是后发企业实现追赶的关键。"边缘—核心"型研发合作模式下,知识创新过程包括领先企业边缘知识共享、领先企业核心知识溢出和后发企业内外知识整合三个阶段。后发企业通过与领先企业知识共享获得了其边缘知识,利用边缘知识与核心知识的链接关系,后发企业继而获得了领先企业的部分核心知识;后发企业依靠其知识吸收能力和知识整合能力将获得的领先企业的知识进行同化和改进,并与企业内部知识整合,创造出大量新知识,从而增加了后发企业的知识存量并提高了后发企业的创新能力,加速了后发企业对领先企业追赶的进程。从边缘知识共享到核心知识的溢出,从外部知识的吸收与内部知识的创新,从知识创新到创新能力的提升,这些部分整合起来就是后发企业通过与领先企业的研发合作实现追赶的过程。据此本书构建了"边缘—核心"型研发合作模式下后发企业追赶过程的理论模型(如图 6-1 所示),对分散于第三章、第四章和第五章的理论进行了梳理和概括,也为下节系统动力学模型的构建提供了理论基础。

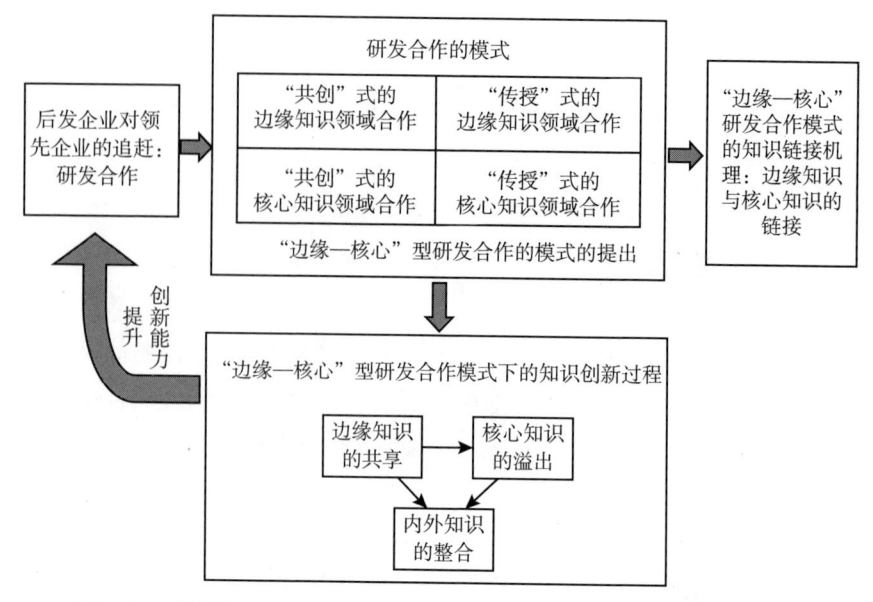

图 6-1　"边缘—核心"型研发合作模式下后发企业追赶过程的理论模型

（二）仿真方法简介

本书采用二阶系统动力学方法对"边缘—核心"型研发合作模式下后发企业的追赶过程进行仿真分析。一般情况下的系统动力学模型指的是一阶模型（first-order models），即根据具体问题而建立验证模型（Lomi & Larsen，2002），这样的模型根据已有的理论来构建，用以验证特定理论下的有关问题。然而，本书所构建的系统动力学模型并不是以现有的理论为基础，而是在对现有理论进行整合和重构的基础上提出新的理论，因此本书的研究适合采用二阶系统动力学模型（second-order-models）。二阶系统动力学模型以提出新理论、构造新模型为主要目标，通过对现有理论的整合构造出全新的理论模型，并对模型的内部关系与演化做出分析，进而得出新的结论和观点（Sastry，1997）。二阶系统动力学模型可以保证理论建模和系统仿真的内部效度（Lomi & Larsen，2001），因此是理论建模的理想方法之一。

二、后发企业追赶过程的系统动力学模型构建

(一) 后发企业追赶过程系统

基于上节构建的"边缘—核心"型研发合作模式下后发企业追赶过程的理论模型,本节构建了后发企业通过研发合作实现追赶的系统动力学模型。该模型由后发—领先企业研发合作系统、后发企业知识创新系统和后发企业创新能力提升系统三个子系统相互作用形成,这三个复杂的子系统构成了一个非线性的动态反馈系统,影响着"边缘—核心"型研发合作模式下后发企业追赶过程的演化。

1. 后发—领先企业研发合作子系统

在后发企业与领先企业的研发合作中,领先企业拥有较高的知识势能,因此领先企业的知识会通过双方的交流与互动流向后发企业。领先企业首先与后发企业共享其边缘知识,随着边缘知识的共享,领先企业部分核心知识被溢出,虽然这并不出于领先企业的主观意愿,但也无法避免。共享的边缘知识和溢出的核心知识被后发企业吸收,不仅增加了后发企业的知识存量,还创造出了大量的新知识,后发企业的创新能力随之提升。创新能力的提升增加了后发企业的知识势能,从而缩小了与领先企业的知识势差。在后发企业与领先企业的研发合作中,双方的合作参与度对于后发企业获取领先企业的知识十分重要。较高的合作参与度能够促进更多的边缘知识的共享和核心知识的溢出,为后发企业的知识吸收提供了前提,也是后发企业提升自身创新能力、缩小与领先企业知识势差的关键条件。

2. 后发企业知识创新子系统

在后发企业内部，知识创新是后发企业能力提升的重要基础。后发企业将共享的领先企业的边缘知识和溢出的领先企业的核心知识加以吸收，并与内部知识相整合，从而创造出新的知识，增加了后发企业的知识存量。后发企业知识存量的增加促进了知识吸收能力和知识整合能力的提高，从而能够吸收领先企业的更多知识并整合和创造出更多的新知识。

3. 后发企业创新能力提升子系统

后发企业知识存量的增加提高了其知识吸收能力和知识整合能力，进而创造出了更多的新知识。无论是知识吸收能力和知识整合能力的提高，还是新知识的创造，都会提高后发企业的创新能力。后发企业创新能力的提升将增加后发企业的知识势能，从而缩小与领先企业的知识势差。

根据复杂系统理论，任何事物都自成系统又归属于一个更高级的系统，系统间的关系和结构不同，组成的高级系统的性质也不同（Haken，1977）。后发企业追赶过程的三个子系统虽然存在各自的边界，但其中的关键变量却是紧密联系的，尤其是与知识和能力相关的变量，将整个系统贯穿起来，实现了三个子系统的有机整合，形成了一个完整的"边缘—核心"型研发合作模式追赶过程的总系统，如图 6-2 所示。

（二）后发企业追赶过程的因果关系图

基于子系统之间和子系统内部关键变量间关系的分析，本书构建了"边缘—核心"型研发合作模式下后发企业追赶过程的因果关系，如图 6-3 所示。研发合作中，后发企业通过与领先企业的交流共享其

第六章 "边缘—核心"型研发合作模式下后发企业追赶过程的仿真分析

边缘知识，并促进了其核心知识的溢出。后发企业获取领先企业的边缘知识和核心知识并加以吸收和整合，创造出新的知识，增加了后发企业的知识存量，并提高了其创新能力。后发企业创新能力的提高使其获得了更多的知识势能，从而缩小与领先企业的知识势差，实现了追赶。后发企业与领先企业深入的交流促进了双方合作参与度的提高，进而促进了知识从领先企业向后发企业的流动。然而合作双方的知识距离会对后发企业知识的吸收和整合产生一定的影响，双方的知识距离过大将会阻碍后发企业对领先企业知识的理解，进而阻碍知识创新或推迟知识创新的时间。

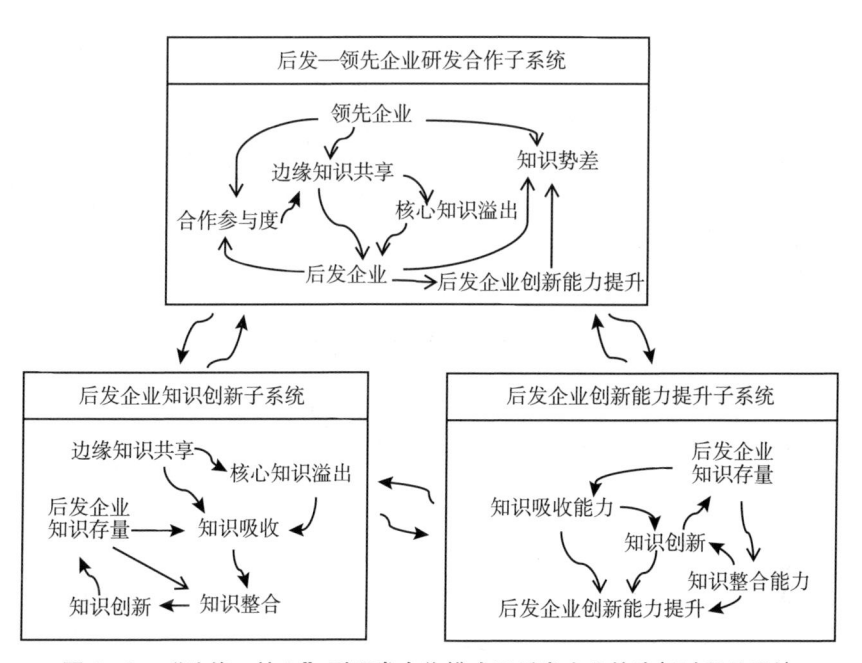

图6-2 "边缘—核心"型研发合作模式下后发企业的追赶过程总系统

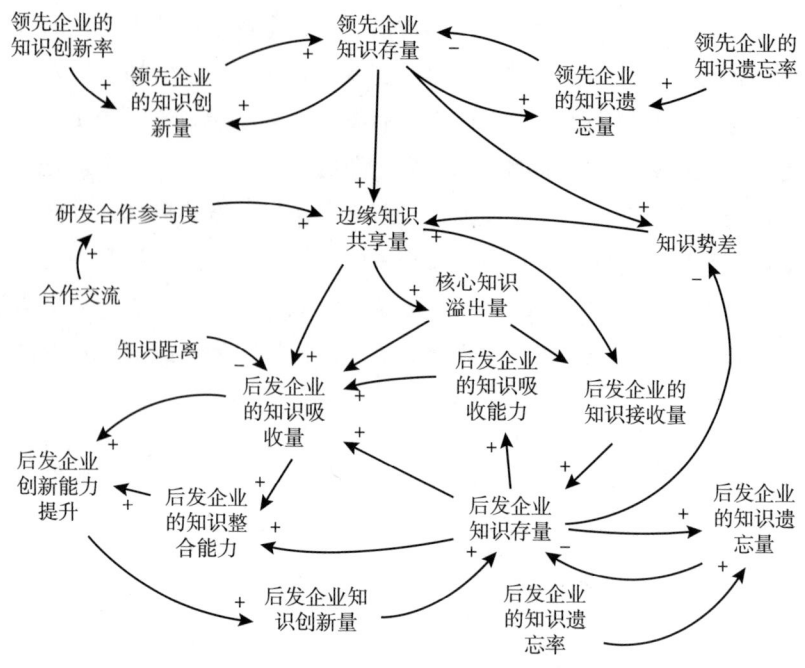

图 6-3　后发企业追赶过程的因果关系

三、模型假设和系统流图

（一）模型假设

后发企业的追赶过程是一个复杂的系统，系统中存在着多个变量，变量间的关系也复杂而多变，这些都大大增加了系统分析的难度。为了将系统聚焦于后发企业对领先企业的追赶这一主题上，需要对模型进行一定的限制，因此提出了模型的假设条件。

假设1：后发企业与领先企业存在知识势差，且领先企业的知识势能高于后发企业，因此知识从领先企业溢出到后发企业。另外，由于知识势能较高，领先企业拥有较高的知识创新率和较低的知识遗忘率；相

第六章 "边缘—核心"型研发合作模式下后发企业追赶过程的仿真分析

比之下，后发企业知识创新率较低，知识遗忘率则较高。

假设2：本书的主要目的是探讨后发企业如何通过与领先企业的研发合作提升自身的创新能力、实现追赶，而领先企业创新能力的变化不是本书关心的对象，因此为了便于研究，将领先企业的创新能力设为一个常数。

（二）系统流图

基于理论分析和因果关系图，后发企业追赶过程的系统流图如图6-4所示。其中包含三个状态变量、六个速率变量、七个辅助变量和六个常量。三个状态变量为领先企业的知识存量、后发企业的知识存量和后发企业的创新能力；六个速率变量为领先企业的知识创新量、领先企业的知识遗忘量、后发企业的知识创新量、后发企业的知识遗忘量、后

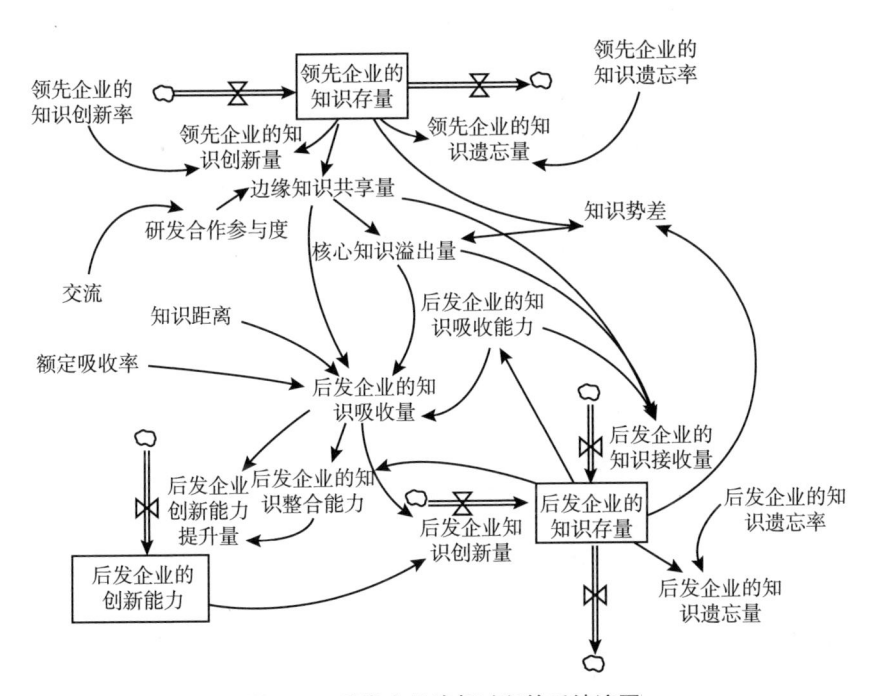

图6-4 后发企业追赶过程的系统流图

发企业的知识接收量和后发企业创新能力的提升量；七个辅助变量为双方合作的知识势差、合作参与度、领先企业边缘知识共享量、领先企业核心知识溢出量、后发企业知识吸收量、后发企业知识吸收能力和后发企业的知识整合能力；六个常量为领先企业的知识创新率、领先企业的知识遗忘率、后发企业的知识创知识遗忘率、双方的交流、双方的知识距离以及额定吸收率。这些变量的名称、类型及符号表示如表6-1所示。

表6-1　　　　　系统流图中各变量的名称类型及符号表示

序号	变量名称	类型	符号
1	领先企业的知识存量	L	KSF
2	领先企业的知识创新量	R	KIF
3	领先企业的知识遗忘量	R	KFF
4	领先企业的知识创新率	C	KIRF
5	领先企业的知识遗忘率	C	KFRF
6	后发企业的知识存量	L	KSL
7	后发企业的知识创新量	R	KIL
8	后发企业的知识接收量	R	KRL
9	后发企业的知识遗忘量	R	KFL
10	后发企业的知识遗忘率	C	KFRL
11	后发企业的创新能力	L	KIAL
12	后发企业创新能力的提升量	R	IKIAL
13	合作双方的知识势差	A	KPD
14	领先企业边缘知识共享量	A	KSH
15	领先企业核心知识溢出量	A	KSP
16	后发企业知识吸收量	A	KAL
17	后发企业知识吸收能力	A	ACL
18	后发企业的知识整合能力	A	ICL
19	知识距离	C	KD
20	合作参与度	A	DI

续表

序号	变量名称	类型	符号
21	交流	C	CM
22	额定吸收率	C	RCA

四、方程构建和参数赋值

(一) 方程的构建

后发企业对领先企业的追赶过程及其中的变量关系已经通过系统流图进行了明确的描述，但是这些变量之间是如何作用的，系统又是如何推进的，这些问题的分析需要对变量间的关系建立方程，并确定初始赋值来进行深入分析。对于变量间关系方程的建立，本书利用 DYNAMO 语言，将系统中变量间的关系表示为：

L KSF.L = KSF.K + DT* (KIF.KL − KFF.KL)

R KIF.KL = KSF.K* KIRF

R KFF.KL = KSF.K* KFRF

L KSL.L = KSL.K + DT* (KIL.KL + KRL.KL − KFL.KL)

R KIL.KL = KIAL.K* KAL.K

R KRL.KL = ACL.K* (KSP.K + KSH.K)

R KFL.KL = KSL.K* KFRL

L KIAL.L = KIAL.K + DT* IKIAL.KL

A KSH.K = KSF.K* DI.K

A KSP.K = KSH.K* KPD.K

A DI.K = 0.07* CM

A KPD.K = KSF.K − KSL.K

A KAL.K = IF THEN ELSE (ACL < RCA, (KSH + KSP)* ACL*

(1 - KD), (KSH + KSP)*RCA*(1 - KD))

  企业的知识存量是企业知识吸收能力的基础,对吸收能力的提高有正向效应。企业的知识存量越多,研发合作中吸收对方知识的能力也越强。但是,吸收能力不会无限制增长,在经过一段时间的增长后会逐渐平稳,并最终趋于一个极限值。因此,企业的知识吸收能力可以看作一个边际效应递减函数,它的值域是(0,1)。基于此,本书将后发企业的知识吸收能力(ACL)设定为后发企业知识存量(KSL)的函数:

$$ACL.K = 1 - e^{-rKSL.K}$$

其中,r 为后发企业的知识吸收系数,是基于后发企业知识存量的吸收能力转化率。

  后发企业的知识整合能力(ICL)是后发企业的知识存量与后发企业知识吸收量的函数,与知识吸收能力类似,也具有边际效应递减性,值域也是(0,1),因此将后发企业知识整合能力(ICL)的函数设为后发企业的知识存量(KSL)与后发企业知识吸收量(KAL)的函数:

$$ICL.K = 1 - e^{-\beta(KSL.K + KAL.K)}$$

其中,β 为后发企业的知识整合能力系数,是基于后发企业知识存量和知识吸收量的整合能力转化率。

  类似地,后发企业的知识吸收量又是后发企业创新能力的基础,对创新能力的提高有正向效应。后发企业从领先企业那里吸收的知识越多,其创新能力提升量也就越多。因此,本书将后发企业的创新能力提升量(IKIAL)设定为后发企业知识吸收量(KAL)和后发企业知识整合能力(ICL)的函数:

$$IKIAL.K = 1 - e^{-\lambda(KAL.K \times ICL.K)}$$

其中,λ 为后发企业的知识创新系数,代表后发企业吸收的知识的转化率,即后发企业从领先企业吸收到的知识有多少可以转化成创新能力。

(二) 参数赋值

  为了推动系统的运行,需要对系统中的状态变量和常量进行初始赋

第六章 "边缘—核心"型研发合作模式下后发企业追赶过程的仿真分析

值。状态变量和常量的初始值并不是随意赋值，而是必须遵循客观、合理的原则，这样才能既符合系统所抽象的实际，又满足系统仿真的目标要求。

本书主要通过以下方法确定状态变量和常量的初始值：（1）以第三章调研的两家案例企业为基础，通过搜集两家企业的财务数据、统计数据、企业年报和相关的新闻报道等，获取企业关于系统模型中状态变量和常量的相关信息，并注重变量数值相对性的作用，初步确定各变量的赋值范围；（2）与案例中相关工作人员进行多次、深入的访谈，收集他们对于系统模型中状态变量和常量的主观评价，通过打分的方式得到各变量的评价值，并对各个人员的评价值进行汇总、对比和处理，得出相对合理的评价值；（3）深入分析系统动力学模型的内在规律和特征，结合已往学者们的研究，参照现有研究资料最终确定符合企业实际并满足系统模型模拟要求的变量初始值。

从表6-1中可以看到后发企业追赶过程系统模型中的状态变量和常量。在状态变量中，领先企业和后发企业的知识存量取决于企业的产品数量和质量、技术水平、人员知识拥有量、组织管理规范和经验等；根据本书的假设，领先企业的知识势能要高于后发企业，而知识存量又是知识势能的基础，因此设定领先企业的知识存量也高于后发企业。后发企业的创新能力基于后发企业的知识存量，因此可以根据后发企业的知识存量确定其知识创新能力的初始值。对于常量的设定，比率类的常量一般在 [0，1] 取值，如知识创新率、知识遗忘率、知识匹配度和额定吸收率等。而常量之间的相对关系比绝对值显得更为重要。如根据本书的假设，领先企业与后发企业相比拥有更高的知识势能，这意味着领先企业的知识存量和创新能力也较高，因此可以推断与后发企业相比，领先企业拥有更高的知识创新率和更低的知识遗忘率。此外，鉴于后发企业是发展中的企业，其知识创新系数、知识整合系数和知识吸收系数都应高于知识遗忘率。然而，后发企业的吸收能力不是无限增长的，会受到后发企业总体知识存量的制约，而且后发企业的知识吸收量也不可能大于其知识总量，因此后发企业的知识吸收率还应受到定额吸收率的限制。除了比率类常量，系统模型中还涉及合作双方的知识距离和交流程度两个常量。领先企业与后发企业存在一定的知识势差，二者在知识数量和质量上也必然存在差异，因而会产生一定的知识距离，但二者的知识距离不宜太近或太远，否则不利于知识的共享和溢出；双方的交流程度可以根据合作双方交流的方式和频率等确定。

基于以上分析，本书将后发企业追赶过程系统模型中的状态变量和常量赋值如下：

领先企业的知识存量 = 100

领先企业的知识创新率 = 0.05

领先企业的知识遗忘率 = 0.01

后发企业的知识存量 = 20

后发企业的知识遗忘率 = 0.02

后发企业的创新能力 = 2

后发企业的知识创新系数（λ） = 0.03

后发企业的知识吸收系数（r） = 0.03

后发企业的知识整合系数（β） = 0.03

额定吸收系数 = 0.09

知识距离 = 0.6

交流 = 0.07

五、模型检验

在应用系统动力学模型之前，应对其进行检验，以确定模型的正确性、可信性和有效性。王其藩（1995）认为应从结构和功能两大方面反复、交互、全面地检验系统动力学模型，以判别它是否在结构、功能上高度辩证统一。

在模型结构方面，本书利用德尔菲法确定了模型中变量的关系，并通过专家访谈、企业调研等方式确保了模型边界的合理性；在量纲的一

第六章 "边缘—核心"型研发合作模式下后发企业追赶过程的仿真分析

致性方面，本书借助了 Vensim 软件中的 check model 功能帮助矫正量纲的不一致问题，从而减少了模型仿真过程中出现的变量间相互关系不合理的现象。

在模型功能方面，本书采取极端条件检验法来确定模型中的方程是否可靠。本书选择研发合作双方的知识距离作为检测变量，当知识距离为 1 时，后发企业的知识吸收量和知识创新量为 0，如图 6-5 所示。这表明当研发合作双方知识距离过大时，后发企业无法理解和吸收领先企业的知识，因而无法利用领先企业的知识进行知识的创新，这一情况与实际相符，表明本书系统动力学模型具有一定的可靠性。

（a）知识距离为1时后发企业的知识吸收量　　（b）知识距离为1时后发企业的知识创新量

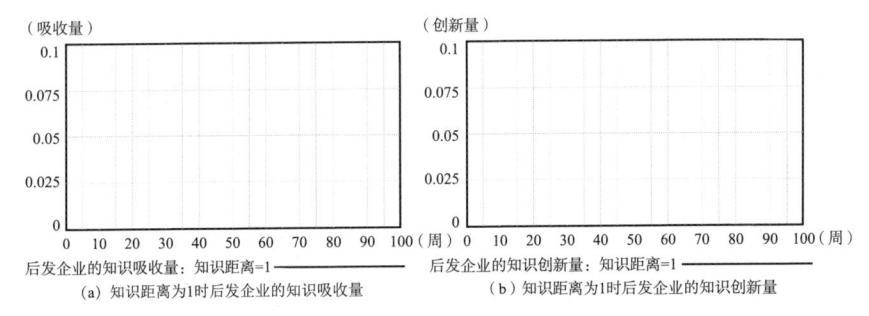

图 6-5　知识距离为 1 时极端值检验

六、仿真结果分析

（一）系统运行结果

通过对系统方程的构建和参数的赋值，本书应用 Vensim 软件对后发企业追赶过程进行仿真模拟。模拟期限设定为 100 周，模拟结果如图 6-6 所示，分别显示了领先企业的边缘知识共享量、领先企业的核心知识溢出量、后发企业的知识吸收量、后发企业的知识存量、后发企业的知识吸收能力、后发企业的知识整合能力、后发企业的创新能力以及合作双方的知识势差在该期限内的动态曲线。

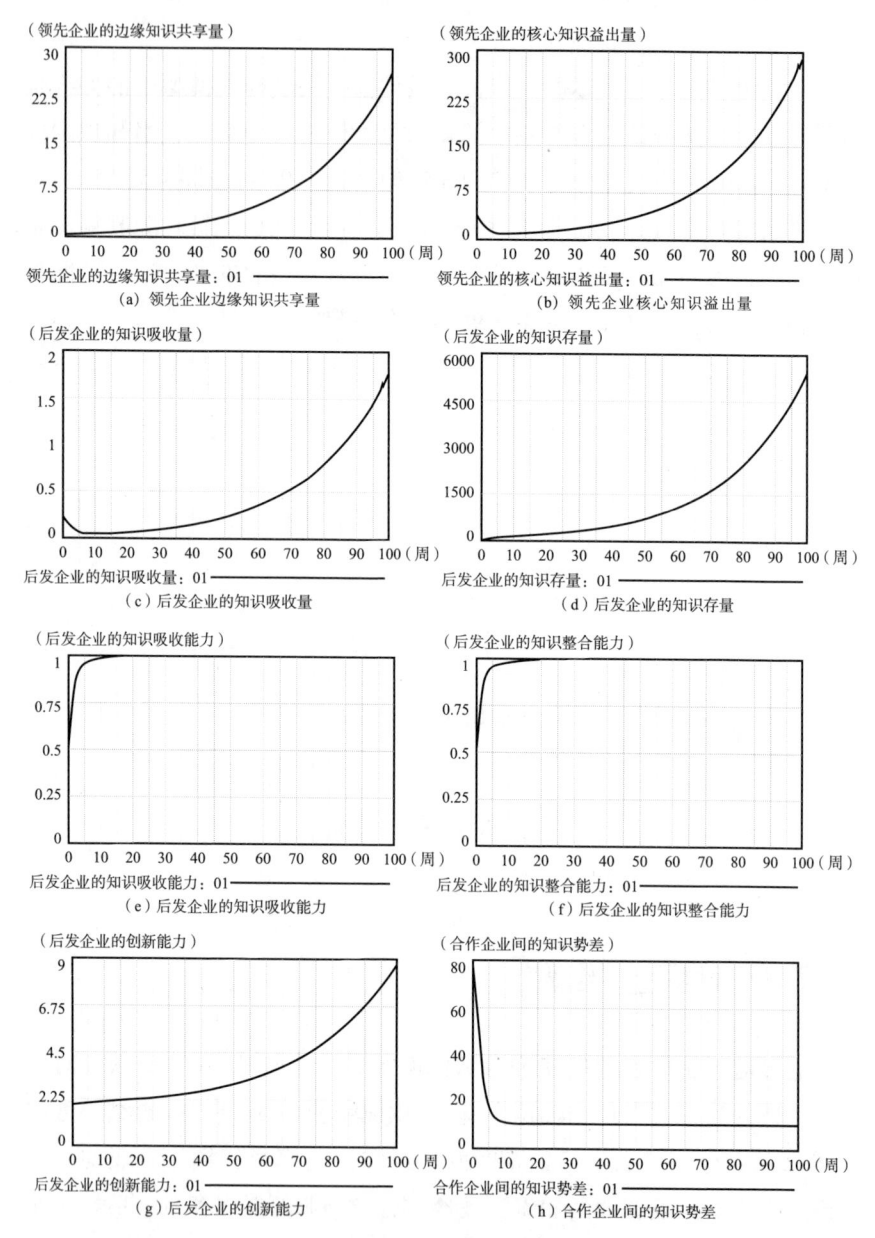

图 6-6 后发企业追赶过程的模拟结果

第六章 "边缘—核心"型研发合作模式下后发企业追赶过程的仿真分析

（1）随着后发企业与领先企业研发合作的开始，双方以各种方式进行交流，领先企业的边缘知识得以在合作平台上共享。随着交流的持续和深入，边缘知识的共享量逐步增加，且增加的速率逐步上升。

（2）领先企业的核心知识通过其边缘知识的共享溢出到合作平台上。在合作初期，由于双方对合作环境尚不熟悉，以及双方知识对接上的困难与摩擦，在前5周内领先企业核心知识的溢出量呈下降趋势；经过一段时期的磨合后，双方交流日益顺畅，随着共享的边缘知识量的增加，核心知识的溢出量也稳步增加。

（3）后发企业的知识吸收量主要来自领先企业的边缘知识共享量和核心知识溢出量，受其影响，后发企业知识吸收量的发展趋势与领先企业核心知识溢出量的趋势一致。

（4）持续吸收领先企业共享的边缘知识和溢出的核心知识，后发企业的知识吸收量不断增加，总体知识存量在整个模拟期内呈稳步增长趋势。

（5）后发企业的知识吸收能力在前15周迅速提高，但在15周之后趋于平缓，并限制在极限值1之内。企业的吸收能力基于企业的知识存量，吸收能力会随着知识存量的增加而增加，但是吸收能力存在边际效应递减，最终会趋向于一个稳定的极限值1。

（6）后发企业的知识整合能力曲线与知识吸收能力曲线具有相同的趋势。后发企业的知识整合能力取决于后发企业的知识存量和知识吸收量，虽然后发企业的知识存量和知识吸收量在整个模拟期内稳步增加，但由于知识整合能力也存在边际效应递减，因此在快速增长了15周后，趋于极限值1。

（7）后发企业的创新能力在经历了前70周的平稳发展后，在后30周内获得了快速的提升。创新能力是后发企业的整体能力的一个重要标志，需要以后发企业持续的知识存量增加为基础，并通过知识吸收能力和知识整合能力的长期积累而获得，因而在提升时间上相对吸收能力和整合能力滞后，但提升的趋势平稳，势头强劲。

（8）后发企业与领先企业的知识势差在前10周内迅速下降，但是自第 10 周起,二者的知识势差趋于平稳。研发合作初期,双方的知识势差很大,后发企业通过交流与合作实现了对领先企业边缘知识的共享和核心知识的溢出,迅速吸收了领先企业的大量知识,自身的知识存量迅速增加,知识势能也随之提高,与领先企业的知识势差迅速缩小。但是经过一段时间的合作后,知识的共享量和溢出量变少,虽然能够维持后发企业知识存量的增加,但是知识水平的提高却遇到"瓶颈",无法继续缩小与领先企业的知识势差。

(二) 关键变量的动态分析

在系统模拟的开始,本书运用科学的方法对系统中的状态变量和常量进行了初始值的赋值,确保了系统设计的合理性和运行结果的有效性。然而,这些状态变量和常量的初始值并不是唯一的,而是可以在一定的范围内变动。那么这些状态变量和常量初始值的变动会对系统内的关键变量产生怎样的影响?

后发企业与领先企业进行研发合作,最根本的目的是提高自身的创新能力并实现对领先企业的追赶。为了实现这一目的,关键是通过研发合作获取领先企业的知识,尤其是其核心知识。推动领先企业边缘知识的共享和核心知识的溢出是后发企业获取其核心知识的首要任务,也是后发企业提高创新能力、实现追赶的关键步骤,而推动领先企业边缘知识的共享和核心知识的溢出与合作双方的交流程度密切相关。因此,在接下来的研究中,本书拟改变合作双方交流的程度来检测其对追赶系统的影响,进而发现合作交流对后发企业的创新能力提升和追赶的作用。

此外,后发企业的吸收能力、整合能力也对其创新能力的提升有重要影响,而后发企业与领先企业的知识距离与后发企业吸收能力和整合能力密切相关,因此本书还拟探讨不同知识距离下追赶系统的变化,进而发现合作双方的知识距离对后发企业知识吸收能力、吸收量、知识整

第六章 "边缘—核心"型研发合作模式下后发企业追赶过程的仿真分析

合能力以及创新能力的影响。

1. 合作双方交流程度的改变对追赶过程的影响

原系统模型中合作双方的交流程度为 0.07，为了探索交流程度的改变对追赶过程中相关变量的影响，分别对交流程度在 0.01~0.09 时追赶过程系统的变化进行分析，发现 0.05 和 0.09 是后发企业追赶过程系统中相关变量改变较为显著的两个点，因此本书选取 0.05（即低交流程度）和 0.09（即高交流程度）为合作双方交流程度改变的两个点，通过与合作双方交流程度为 0.07 时各相关变量的改变情况加以比较，进而发现合作双方交流程度的改变对追赶过程系统中相关变量的影响，对比结果如图 6-7 所示。

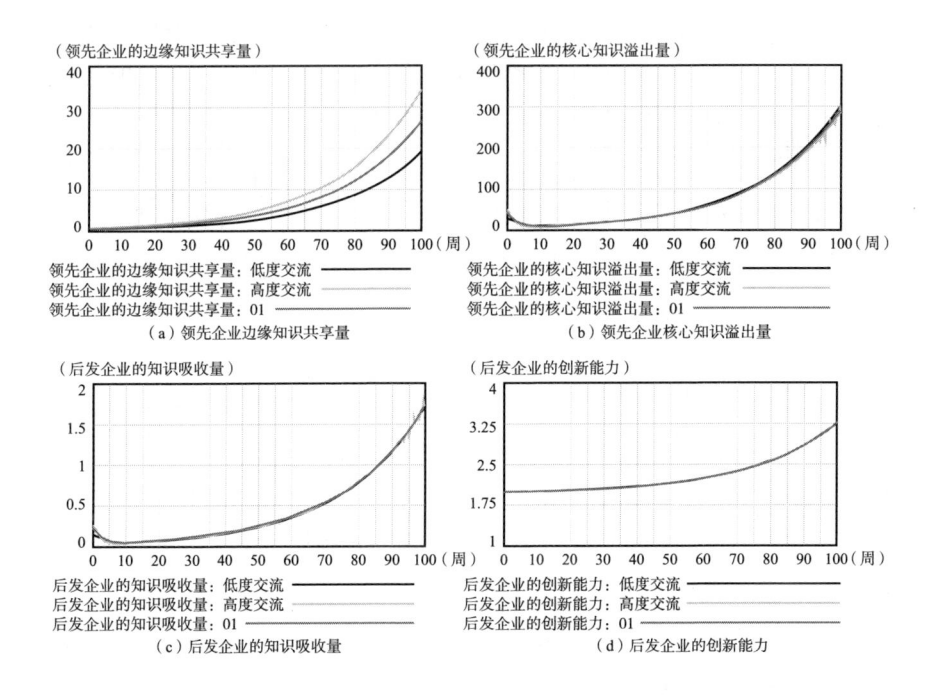

（a）领先企业边缘知识共享量

（b）领先企业核心知识溢出量

（c）后发企业的知识吸收量

（d）后发企业的创新能力

（后发企业的知识存量）　　　　　　　　　（合作企业间的知识势差）

后发企业的知识存量：低度交流　　　　　合作企业间的知识势差：低度交流
后发企业的知识存量：高度交流　　　　　合作企业间的知识势差：高度交流
后发企业的知识存量：01　　　　　　　　合作企业间的知识势差：01
　　　（e）后发企业的知识存量　　　　　　　（f）合作企业间的知识势差

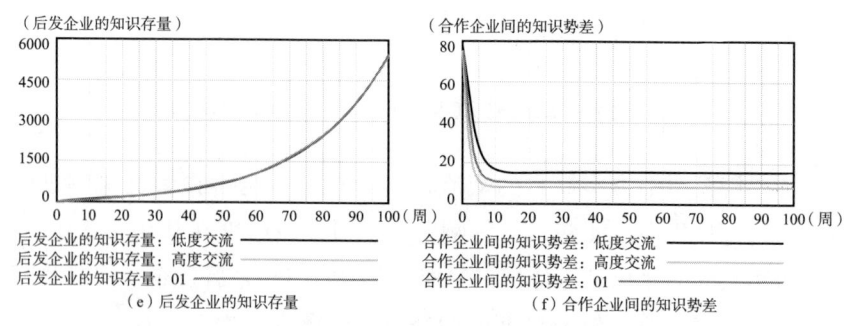

图6-7　企业间的交流程度改变时后发企业追赶过程中各变量的变化

（1）由图6-7中（a）可知，合作双方交流程度改变时，领先企业的边缘知识共享量发生了明显的变化。当合作双方的交流程度变小时，即低交流程度时，领先企业共享的边缘知识量明显减少，且实现共享所需要的时间变长；当合作双方的交流程度变大时，即高交流程度时，领先企业共享的边缘知识量明显增加，尤其是在研发合作的后期，相比交流程度时，共享的边缘知识量增加较多。可见，在研发合作初期，低交流程度与高交流程度下共享的领先企业的边缘知识量差距不大，但随着合作的深入，高程度的交流比低程度的交流所共享到的领先企业的知识量要多得多，这也表明合作双方高交流程度对于领先企业边缘知识的共享十分重要。

（2）由图6-7中（b）和（c）可知，合作双方交流程度的改变对领先企业核心知识的溢出量与后发企业知识吸收量的影响不显著，低程度的交流和高程度的交流仅在合作初期和末期对领先企业核心知识的溢出量和后发企业的知识吸收量造成小的扰动，但总体趋势并没有改变。这表明，合作双方交流程度对领先企业核心知识溢出量和后发企业知识吸收量的影响不大。

（3）由图6-7中（d）和（e）可知，合作双方交流程度的改变对后发企业创新能力和知识存量的影响不显著，后发企业创新能力的增长趋势及知识存量不会因为交流程度的改变而发生变化。这表明，合作双方交流程度不会对后发企业的创新能力和知识存量产生直接影响。

(4) 由图 6-7 中 (f) 可知,合作双方交流程度改变时,后发企业与领先企业间的知识势差发生了明显的变化。当合作双方的交流程度变小时,即低交流程度时,知识势差曲线前段的斜率变小,知识势差曲线的最低值较原来有所提高,而且达到最低值的时刻推后,这表明交流程度变小使得合作双方的知识势差缩小得更慢,而且势差提前停留在更高的值上无法继续缩小。也就是说,合作双方交流程度的减小使得后发企业对领先企业的追赶速度放缓,且与领先企业的势差较大时就停滞不前,无法再继续追赶。当合作双方的交流程度变大时,即高交流程度时,知识势差曲线前段的斜率变大,知识势差曲线的最低值较原来有所降低,而且到达最低值的时刻提前,这表明交流程度变大使得合作双方的知识势差缩小得更快,而且势差将会停留在更低的值上。也就是说,合作双方交流程度的增大使得后发企业对领先企业的追赶速度增加,且与领先企业的知识势差能够尽可能地缩到最小,最大限度地实现了对领先企业的追赶。可见,合作双方交流程度的改变对后发企业实现对领先企业的追赶十分重要。

2. 合作双方知识距离的改变对追赶过程的影响

原系统模型中合作双方的知识距离为 0.06,为了探索知识距离的改变对追赶过程中相关变量的影响,分别对知识距离在 0.01~0.09 时追赶过程系统的变化进行分析,发现 0.04 和 0.08 是后发企业追赶过程系统中相关变量改变较为显著的两个点,因此本书选取 0.04(即知识距离小)和 0.08(即知识距离大)为知识距离改变的两个点,通过与知识距离为 0.07 时各相关变量的改变情况加以比较,进而发现合作双方知识距离的改变对追赶过程系统中相关变量的影响,对比结果如图 6-8 所示。

(a) 领先企业边缘知识共享量

(b) 领先企业核心知识溢出量

(c) 后发企业的知识吸收量

(d) 后发企业的创新能力

(e) 后发企业的知识存量

(f) 合作企业间的知识势差

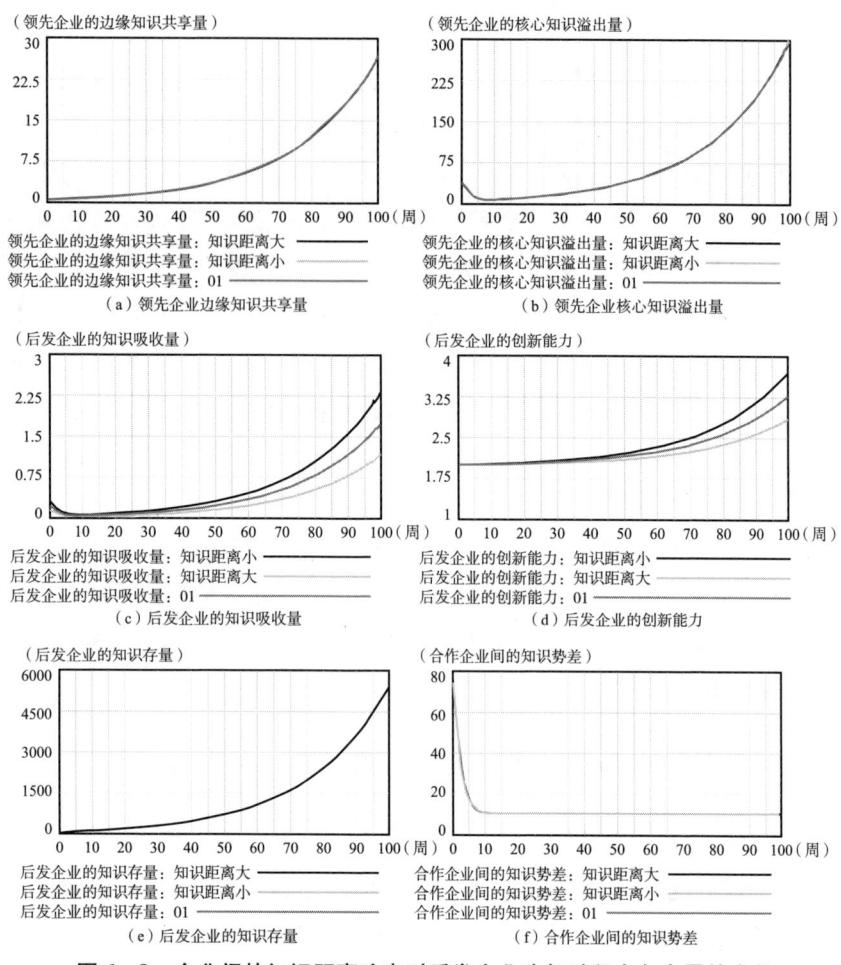

图 6-8　企业间的知识距离改变时后发企业追赶过程中各变量的变化

（1）由图 6-8 中（a）和（b）可知，合作双方知识距离改变时，领先企业的边缘知识共享量和核心知识溢出量变化不显著。合作双方知识距离变小或变大对领先企业边缘知识共享量没有影响，而对核心知识溢出量仅在合作的前期和末期产生较小的扰动，总体看来影响不大。这表明，合作双方的知识距离对领先企业边缘知识共享和核心知识溢出没有太大影响。

（2）由图 6-8 中（c）可知，合作双方知识距离的改变对后发企

第六章 "边缘—核心"型研发合作模式下后发企业追赶过程的仿真分析

业的知识吸收量影响显著。当合作双方的知识距离变小时，整个研发合作过程中后发企业的知识吸收量都较大；而当合作双方的知识距离变大时，整个研发合作过程中后发企业的知识吸收量都较小。这表明，合作双方知识距离越大越不利于后发企业对领先企业知识的吸收。

（3）由图6-8中（d）可知，合作双方知识距离的改变对后发企业的创新能力影响显著。当合作双方的知识距离变小时，后发企业的创新能力相对较高；当合作双方的知识距离变大时，后发企业的创新能力相对较低。合作双方的知识距离对后发企业创新能力的影响在合作初期并不明显，但是到了合作的中后期，这种影响逐渐明显，后发企业创新能力的改变也越来越大。这表明，合作双方知识距离越小越有利于后发企业创新能力的提高。

（4）由图6-8中（e）和（f）可知，合作双方知识距离的改变对后发企业的知识存量和合作双方的知识势差影响不显著。合作双方知识距离变小或变大对后发企业知识存量曲线没有影响，而对合作双方知识势差仅在合作的后期产生微小的扰动，总体看来影响不大。这表明，合作双方的知识距离对后发企业实现对领先企业的追赶没有太大影响。

七、仿真结论分析

本章通过构建系统动力学模型，将后发企业与领先企业的研发合作、后发企业的知识创新和后发企业的能力提升纳入同一系统中，并通过构建仿真方程和赋值对系统进行仿真模拟，因而得到以下几点结论。

（1）知识存量是企业知识势能的主要衡量标准，研发合作中后发企业知识存量不断增加的过程显示了后发企业对领先企业的追赶过程。在后发企业与领先企业的研发合作中，随着后发企业知识存量的逐步增加，后发企业的知识势能不断提高，与领先企业的知识势差不断缩小，这一过程显示了后发企业通过研发合作实现对领先企业追赶的过程。

（2）基于企业知识存量的创新能力的提高是推动后发企业追赶领

先企业的主要力量。随着后发企业知识存量的增加,其创新能力也不断提高,推动了对领先企业的追赶进程,缩小了与领先企业的知识差距。

(3) 领先企业边缘知识的共享和核心知识的溢出是后发企业提高自身创新能力、实现追赶的关键。后发企业创新能力的提升是实现追赶的前提条件,而后发企业创新能力的提升主要依赖对领先企业边缘知识和核心知识的吸收,因此领先企业边缘知识的共享和核心知识的溢出成为后发企业提高其创新能力的关键。从领先企业获得的边缘知识越多,其核心知识溢出的可能性就越大,大量边缘知识和核心知识流入后发企业,为后发企业实现内外知识的整合和创新提供了条件,后发企业的创新能力也因内外知识的整合和创新获得了提高,因此领先企业边缘知识的共享和核心知识的溢出是后发企业实现追赶的首要条件和关键环节。

(4) 后发企业的知识吸收能力和知识整合能力也是后发企业提高自身创新能力、实现追赶的重要因素。知识吸收能力和知识整合能力是创新能力的基础,在研发合作的环境中,企业对于外部知识的吸收和内外部知识的整合决定了企业知识创新数量的多少和质量的高低,因此较高的知识吸收能力和整合能力有利于创新能力的提高。然而研发合作中后发企业的知识吸收能力和整合能力不可能一直提高,而是局限在一定的值域内。后发企业的知识吸收能力取决于其本身的知识存量,随着后发企业本身知识存量的增加,在研发合作初期,后发企业的知识吸收能力会逐渐提高;但由于知识吸收能力具有边际效应递减性,一单位的知识存量产生的知识吸收能力逐渐减小,在特定的临界点后知识吸收能力曲线会逐步趋于平缓,即使后发企业的知识存量持续增加,吸收能力也不会有太大的提升。后发企业的知识整合能力取决于其本身的知识存量与吸收的知识量,与知识吸收能力类似,知识整合能力也具有边际效应递减性,在一段时间的迅速提升后趋于平缓,即使吸收的知识量再多也不会有太大的提升。

(5) 研发合作中领先企业核心知识溢出量呈现先低后高的趋势,受其影响,后发企业知识吸收量也呈现先低后高的趋势。这是由于合作双方在文化、习俗和惯例等方面存在差异,在研发合作初期二者的交流可能存在一定的障碍,误解和不信任会阻碍知识在合作企业间的流动。此外,合作双方的知识距离也会对知识的流动产生影响,二者在技术标准等方面的不同会导致知识交流中的混淆,从而推迟对对方知识的理解。交流的障碍和知识距离的存在共同导致了合作初期双方共享知识量的减少,但是随着合作的深入,双方增进了了解,建立了信任,经过一定阶段的适应期后,双方的交流更加顺畅,知识更加匹配,共享和溢出的知识量也越来越多,这为后发企业吸收领先企业的知识打下了基础,进而推动了后发企业知识存量和创新能力逐步提高。

(6)后发企业与领先企业的研发合作为企业间的知识流动提供了条件,领先企业的边缘知识通过合作企业间的交流实现共享,并在边缘知识共享的基础上实现核心知识的溢出;后发企业通过获得领先企业的边缘知识和部分核心知识迅速提高创新能力。因此在研发合作的初期,合作双方的知识势差迅速缩小。但出于知识保护,领先企业不可能与后发企业共享其所有的知识,也会通过各种机制阻止核心知识的溢出,因此后发企业在经过一段时期的能力迅速提高后,能力提升速度逐渐放缓,合作双方的知识势差也会在某一个点上停止。由此可见,与领先企业进行研发合作确实能够在一定程度上提高后发企业的创新能力,缩小与领先企业的差距,但要真正实现对领先企业的追赶甚至赶超还需要后发企业在研发合作的基础上切实提高自身的自主创新能力,摆脱"跟随—落后—再跟随—再落后"的恶性循环,开辟新的、适合自身的发展路径,实现对领先企业的超越。

八、本章小结

本章从动态角度出发对"边缘—核心"型研发合作模式下后发企业的追赶过程进行了仿真分析。首先在总结"边缘—核心"型研发合作模式、"边缘—核心"型研发合作模式的知识连接机理和"边缘—核心"型研发合作模式下的知识创新过程的基础上,提出了后发企业追赶过程的理论模型，并据此构建了"边缘—核心"型研发合作模式下后发企业追赶过程的系统动力学模型。通过系统模拟分析得出，虽然在合作初期合作双方的知识共享量和溢出量存在小幅波动，但整体上看研发合作过程中后发企业知识存量不断增加，创新能力持续提高，逐步实现对领先企业的追赶。然而合作双方的知识势差在缩小到一定程度后停止，表明研发合作不是后发企业实现追赶的最终方式，还需要在研发合作的基础上切实提高自身的自主创新能力。本章最后基于系统动力学分析结果以及前面的理论分析，提出了后发企业通过与领先企业研发合作实现追赶的策略。后发企业在与领先企业研发合作的过程中要充分发掘知识之间的链接关系，保障和促进边缘知识到核心知识的成功渗透；要有意识地增加与领先企业的交流，促进其核心知识的溢出；要注重提高自身的知识吸收能力和知识整合能力，为其创新能力的提升打下基础；并指出选择具有适当知识距离的研发合作伙伴是后发企业研发合作成功的前提条件。

第七章

结论及政策建议

一、主要研究结论

本书基于国内外后发企业研发合作的相关文献和中国装备制造企业研发合作实例,研究了装备制造业中后发企业与领先企业进行研发合作的模式、该模式的知识链接机理以及该模式下后发企业的知识创新过程,并对后发企业通过研发合作实现对领先企业的追赶过程进行了仿真分析。本书所进行的主要工作和得出的主要结论如下:

(1)在对研发合作两个维度四种类型划分的基础上,通过哈汽和东安两家大型装备制造企业的探索性案例分析,提出了基于追赶的后发企业"边缘—核心"型研发合作模式。案例中哈汽与东芝的合作设计、东安与GIFAS的合作制造虽然都没直接涉及东芝与GIFAS的核心知识,但是通过合作双方正式与非正式的交流,哈汽和东安利用边缘知识的共享溢出了与之相关的核心知识,并通过知识吸收、整合和创造,加速了哈汽和东安内部知识创新进程,提高了自身创新能力,从而推动了追赶的进程。基于哈汽和东安的探索性案例分析,得出后发企业与国际领先企业的研发合作既不是"传授"式的边缘知识领域的合作,也不是"传授"式的核心知识领域的合作,而是通过边缘知识向核心知识渗透的合作，因此提出了基于追赶的后发企业研发合作的模式："边缘—核心"型研发合作。

（2）基于知识链接理论分析了边缘知识与核心知识的链接关系，利用集合理论和数理模型阐明了"边缘—核心"型研发合作模式的知识链接机理，并用东安和 GE 公司研发合作的案例进行了验证。理论分析指出领先企业边缘知识与核心知识间可能存在同一性、隶属性和相关性三种知识链接关系，从而推动了后发企业从领先企业的边缘知识向其核心知识的渗透。基于集合理论构建了数理模型，结合知识地图呈现了领先企业与后发企业研发合作中边缘知识的共享、边缘知识与核心知识的链接以及核心知识溢出过程中知识结构的变化与重构，阐明了"边缘—核心"型研发合作模式的知识链接机理，并引入企业研发合作实例对边缘知识到核心知识的链接机理进行了验证。后发企业通过分享领先企业的边缘知识，识别边缘知识中的核心知识元素，并利用核心知识元素与边缘知识元素之间的关系，丰富了核心知识结构，增加了核心知识获得的数量，实现了由领先企业边缘知识到其核心知识的渗透；东安和 GE 公司研发合作的案例验证了边缘知识与核心知识的链接机理。

（3）构建了"边缘—核心"型研发合作模式下知识创新过程概念模型，解析了知识创新过程中边缘知识共享、核心知识溢出以及内外知识整合三个主要阶段。在边缘知识共享阶段，后发企业通过正式与非正式的交流加强与领先企业的互动，通过科学学习与经验学习对共享的边缘知识进行理解和吸收，为核心知识的溢出做好准备。在核心知识溢出阶段，识别了知识溢出的必要条件，分析了基于这些条件的边缘知识共享到核心知识溢出的过程，提出了基于人员互动、设备使用和共同任务三种方式的核心知识溢出的路径，并从知识势差角度分析了核心知识溢出的动力机制。在内外知识整合阶段，构建了后发企业内外知识整合的平台，分析了知识整合的过程和知识整合的机制。后发企业需要对从领先企业获得的边缘知识和核心知识以及企业内部知识进行甄别，根据其重要性和互补性确定其在企业内部的位置，并运用程序化机制和团队交互机制实现企业内外知识的融合、应用与重构，从而创造出新知识，并建立起新的知识体系。

（4）构建了"边缘—核心"型研发合作模式下后发企业追赶过程的系统动力学模型。将"边缘—核心"型研发合作模式下后发企业的追赶过程分为后发企业与领先企业研发合作、后发企业知识创新以及后发企业创新能力提升三个子系统，构建了二阶系统动力学模型。仿真结果显示，在后发企业与领先企业的研发合作过程中，领先企业边缘知识的共享量、核心知识的溢出量和后发企业的知识吸收量都稳步上升，后发企业的知识存量也因此持续增长。虽然知识吸收能力和知识整合能力在一段时期的迅速提升后趋于平稳，但后发企业的创新能力始终保持了小幅上升状态。后发企业与领先企业的知识势差在降至一定的数值后停止，可见后发企业与领先企业的研发合作只能缩小二者的知识势差，但是无法消除，也就是说，后发企业无法通过研发合作完全实现对领先企业的追赶；后发企业需要在研发合作的基础上继续提高自身的创新能力，为持续的追赶提供源源不断的动力。另外，系统关键变量的动态分析显示，交流程度的改变对边缘知识共享量及知识势差下降速度和下降程度有显著影响，而双方知识距离的改变则对后发企业的知识吸收量和创新能力有显著影响。

二、后发企业实现技术追赶的政策建议

通过对"边缘—核心"型研发合作模式的分析及该模式下的知识链接机理、知识创新过程以及仿真分析，本书为后发企业通过研发合作追赶领先企业提出了几点政策建议。

（1）后发企业要注重对领先企业知识结构的分析，充分发掘知识之间的链接关系，保障和促进边缘知识到核心知识的成功渗透。后发企业要善于利用分享到的边缘知识分析领先企业的知识结构，尤其是利用分享的隐性边缘知识，如组织惯例、企业文化、设计理念等推断出领先企业知识的组织方式以及知识之间的关联关系，进而从已分享到的边缘

知识链接到更多的核心知识，提高边缘知识到核心知识的渗透效率。

（2）后发企业要注重提高自身的知识吸收能力和知识整合能力，为创新能力的提升打下基础。知识吸收和知识整合是知识创新的重要环节，知识吸收能力和知识整合能力的提高对创新能力的提高具有重要作用。后发企业在与领先企业进行研发合作时，要注重提高自身的知识吸收能力，尽可能多地吸收领先企业的边缘知识和核心知识，并通过与企业内部知识的整合转化成自己的新知识，从而促进自己的知识创新，提高创新能力。

（3）后发企业要有意识地增加与领先企业的交流，提高合作双方的合作参与度，促进领先企业边缘知识的共享和核心知识的溢出。合作双方交流的加深有利于提高双方的合作参与度，增加双方知识流动的速度和数量，促进后发企业持续获得领先企业的边缘知识和核心知识，从而能够紧随领先企业的步伐，最大限度地缩小双方的知识势差、实现追赶。若双方交流不够深入，后发企业便无法从领先企业那里持续获得大量的边缘知识和核心知识，无法为知识吸收、整合和创新提供基础，且有可能在短暂地追赶后，就与领先企业脱节，无法再获得领先企业的边缘知识和核心知识，知识存量无法继续增加，与领先企业的知识势差也无法最大限度地缩小，从而造成追赶的失败。

（4）后发企业在选择研发合作伙伴时要注意双方的知识距离，知识距离过大或过小都不利于后发企业吸收合作伙伴的先进知识。合作双方的知识距离过大会造成后发企业无法理解和吸收领先企业的知识，对后发企业的知识创新无益；合作双方的知识距离过小又会造成大量的知识冗余，知识溢出过少，使得后发企业的创新缺乏动力。因此，后发企业要选择与其具有适当知识距离的领先企业作为合作伙伴，既不会因为双方的知识距离太大而造成知识吸收失败，又不会因为双方的知识距离太小而造成知识创新动力不足。领先企业的边缘知识和核心知识会源源不断地流向后发企业，为后发企业的知识吸收、整合和创新提供知识基础，而知识创新增加会减少后发企业与领先企业的知识距离，从而促进领先企业更多的边缘知识和核心知识流向后发企业，推动后发企业追赶

三、本书的不足及有待进一步研究的问题

本书的不足及未来有待进一步研究的问题主要体现在以下几方面：

其一，由于时间和调研条件的限制，在"边缘—核心"型研发合作模式提出的过程中，本书选取了两家中国装备制造企业研发合作的案例进行探索性分析，该案例仅对装备制造业的情况具有典型性和代表性，尚未考虑其他行业的特殊性。在今后的研究中，应当收集更多行业的案例材料，扩大案例的行业代表性和一般性，进而提出更加一般化的后发企业与领先企业研发合作的模式。

其二，受限于篇幅，本书尚未对"适当的知识势差"进行深入分析，哪些变量可以用来衡量知识势差的大小？后发企业又如何确保与领先企业有适当的知识势差从而有利于对其先进知识的获取？这些问题的解决将为后发企业寻找适当的研发合作伙伴提供依据。

其三，本书所提出的研发合作模式，为后发企业提升创新能力、实现对领先企业的追赶提供了思路，而这种微观视角的分析思路同样适用于宏观视角的分析，即在区域经济研究领域，落后地区可以通过与领先地区的合作提升创新能力，实现对领先地区的追赶。党的十九大提出了区域协调发展战略，区域间的合作与追赶成为实现区域经济协调发展的重要途径。京津冀地区是我国经济发展的战略区域，而要促进京津冀区域的协调发展，京津冀三地必须进行深入的合作与协同创新。基于本书提出的相关理论，未来的研究可以从京津冀三地各领域的合作出发，探索不同地区之间以及地区内部的合作与创新机制，进而寻求促进京津冀地区协同发展的有效途径。

参 考 文 献

[1] 包振强，王宁生．基于知识树的组织知识管理初探 [J]．科研管理，2002，23（1）：58-62．

[2] 曹霞，刘国巍，付向梅，李博．基于网络视角的知识整合过程机理及仿真 [J]．科学学研究，2012，30（6）：886-894．

[3] 陈力田，赵晓庆，魏致善．企业创新能力的内涵及其演变：一个系统化的文献综述 [J]．科技进步与对策，2012，29（14）：154-160．

[4] 陈良民．基于企业创新网络的知识流动研究 [D]．沈阳：辽宁大学，2009：84．

[5] 陈宇科，孟卫东，邹艳．竞争条件下纵向合作创新企业的联盟策略 [J]．系统工程理论与实践，2010，30（5）：857-864．

[6] 杜静．基于知识整合的企业技术能力提升机理和模式研究 [D]．杭州：浙江大学，2003：24．

[7] 付旭雄．基于关联数据的知识地图中知识链接构建研究 [D]．武汉：华中师范大学，2012：17-18．

[8] 郭爱芳，陈劲．企业成长中科学/经验学习的协同演进——基于中集集团的案例分析 [J]．科学学研究，2012，30（5）：748-754，695．

[9] 郭爱芳．企业 STI/DUI 学习与技术创新绩效关系研究 [D]．杭州：浙江大学，2010：53．

[10] 郭艳秋．知识嵌入视角的学科化服务 [J]．图书情报工作，2012，56（13）：49-52，58．

［11］贺德方. 知识链接发展的历史、未来和行动［J］. 现代图书情报技术, 2005 (3): 11-15.

［12］亨利·切萨布鲁夫. 开放式创新——进行技术创新并从中赢利的新规则［M］. 北京: 清华大学出版社, 2005: 5.

［13］胡树华, 李荣. 产业联盟中的企业集成创新研究［J］. 工业技术经济, 2008, 27 (3): 98-100.

［14］黄波, 孟卫东, 李宇雨. 基于纵向溢出的供应链上、下游企业 R&D 合作研究［J］. 科技管理研究, 2008, 28 (6): 477-479.

［15］江诗松, 龚丽敏, 魏江. 后发企业能力追赶研究探析与展望［J］. 外国经济与管理, 2012, 34 (3): 57-64, 71.

［16］晋盛武, 糜仲春. 合作研发的组织空间与组织模式研究［J］. 科学学与科学技术管理, 2003 (12): 9-13.

［17］孔凡柱, 赵莉, 罗瑾琏. 基于 SECI 模型的合作创新知识运作机理研究［J］. 科技进步与对策, 2012 (11): 122-125.

［18］李久平, 顾新. 知识联盟组织之间知识共享研究［J］. 情报杂志, 2007 (7): 91-93.

［19］李莉. 基于网络嵌入性的核心企业知识扩散方式对知识获取绩效的影响研究［D］. 西安: 西安理工大学, 2008: 45.

［20］李永周, 贺海涛, 刘旸. 基于知识势差与耦合的产学研协同创新模型构建研究［J］. 工业技术经济, 2014 (1): 88-94.

［21］廖志江, 高敏, 廉立军. 基于知识势差的产业技术创新战略联盟知识流动研究［J］. 图书馆学研究, 2013 (1): 78-83.

［22］刘风朝, 闫菲菲, 马荣康, 姜滨滨. 邻近性对跨区域研发合作模式的影响研究——基于北京、上海、广东的实证［J］. 科研管理, 2014, 35 (11): 100-108.

［23］刘瑜, 单承戈, 王建武. 企业研发 (R&D) 运作中隐性知识共享对策分析［J］. 成都大学学报 (社会科学版), 2008 (5): 33-35.

［24］罗炜, 唐元虎. 企业合作创新的组织模式及其选择［J］. 科学学研究, 2001, 19 (4): 104-108.

[25] 马艳艳, 刘风朝, 姜滨滨, 王元地. 企业跨组织研发合作广度和深度对创新绩效的影响——基于中国工业企业数据的实证 [J]. 科研管理, 2014, 35 (6): 33-40.

[26] 秦斌. 企业间的战略联盟: 理论与演变 [J]. 财经问题研究, 1998 (3): 9-14.

[27] 任皓, 邓三鸿. 知识管理的重要步骤——知识整合 [J]. 情报科学, 2002, 20 (6): 650-653.

[28] 舒宗瑛. 基于知识势差的图书馆联盟知识流动研究 [J]. 图书馆学研究, 2012 (4): 90-93.

[29] 苔莎·莫里斯-铃木. 日本的技术变革——从十七世纪到二十一世纪 [M]. 马春文, 项卫星, 李玉蓉, 译. 北京: 中国经济出版社, 2002: 132.

[30] 田锋, 梅林涛, 段海波. 精益研发 [M]. 北京: 中国科学技术出版社, 2010: 13-17.

[31] 王娟茹. 基于知识共享的企业合作创新研究 [J]. 科技进步与对策, 2009, 26 (15): 135-137.

[32] 王培林. 对华为知识创新过程的理性分析 [J]. 科技进步与对策, 2010 (9): 120-122.

[33] 王其藩. 高级系统动力学 [M]. 北京: 清华大学出版社, 1995: 218.

[34] 王艳子. 合作创新企业间知识共享不足问题研究 [J]. 现代管理科学, 2010 (1): 48-50.

[35] 王众托. 知识系统工程 [M]. 科学出版社, 北京: 科学出版社, 2004: 65.

[36] 温有奎, 焦玉英. 语义 Web 环境下的知识服务科学框架 [J]. 信息资源管理学报, 2011 (1): 99-104.

[37] 温有奎, 焦玉英. 知识元语义链接模型研究 [J]. 图书情报工作, 2010, 54 (12): 27-31.

[38] 邬爱其. 全球化下我国集群企业的合作关系演变 [J]. 科学

学研究, 2006, 24 (3): 374-380.

[39] 吴婷, 李德勇, 吴绍波, 陈谦明. 基于开放式创新的产学研联盟知识共享研究 [J]. 情报杂志, 2010, 29 (3): 99-102.

[40] 肖湘平, 黎继子, 阮阿平, 周兴建, 李柏勋. 不同合作模式下供应链研发补贴动态博弈模型 [J]. 中国管理科学, 2014, 22 (11): 503-510.

[41] 谢雨鸣, 邵云飞. 后发企业技术发展与其协同创新模式的演化 [J]. 研究与发展管理, 2013, 25 (6): 103-113.

[42] 邢小强, 仝允桓. 基于企业内部知识网络的知识活动分析 [J]. 科学学与科学技术管理, 2004 (7): 44-47.

[43] 许春, 刘奕. 企业间研发合作组织模式选择的知识因素 [J]. 研究与发展管理, 2005, 17 (5): 58-63.

[44] 许庆瑞, 吴志岩, 陈力田. 转型经济中企业自主创新能力演化路径及驱动因素分析——海尔集团 1984-2013 年的纵向案例研究 [J]. 管理世界, 28 (4): 121-134, 188.

[45] 张露, 成颖. 主题地图研究综述 [J]. 情报科学, 2009, 27 (2): 305-309.

[46] 赵蓉英. 论知识网络的结构 [J]. 图书情报工作, 2007, 51 (9): 6-10.

[47] 赵增耀, 于海云. 基于员工流动的知识整合机制研究——以 FDI 嵌入型产业集群中外企员工流入的内资企业为例 [J]. 科学学研究, 2012, 30 (5): 729-738.

[48] 周二华, 陈荣秋. 技术开发的类型与创新模式选择的关系 [J]. 科研管理, 1999, 20 (4): 15-20.

[49] 周永红, 吴娜, 朱红灿. 企业联盟知识共享动因、障碍及克服 [J]. 情报理论与实践, 2011 (4): 31-34.

[50] Alavi M, Leidner D E. Knowledge Management and Knowledge Management Systems: Conceptual Foundations and Research Issues [J]. Review, 2001, 25 (1): 107-136.

[51] Amsden A. The Rise of "The Rest" [M]. Oxford: Oxford University Press, 2001: 235.

[52] Antonio Messeni Petruzelli A. The Impact of Technological Relatedness, Prior Ties, and Geographical Distance on University – Industry Collaboration: a Joint – Pantent Anaysis [J]. Technovation, 2011 (1): 6 – 8.

[53] Archibugi D, Pietrobelli C. The Globalization of Technology and Its Implications for Developing Countries, Windows of Opportunity or Further Burden? [J]. Technological Forecasting & Social Change, 2003, 70 (9): 861 – 883.

[54] Argote L, Miron – Spektor E. Organizational Learning: From Experience to Knowledge [J]. Organization Science, 2011, 22 (5): 1123 – 1137.

[55] Argote L. Ingram P. Knowledge Transfer: a Basis for Competitive Advantage in Firms. Organ. Behav [J]. Human Decision Processes, 2000, 82 (1): 150 – 169.

[56] Argyris C. Double Loop Learning in Organizations [J]. Harvard Business Review, 1977 (10): 115 – 125.

[57] Badaracco J L. The Knowledge Link: How Firms Compete Through Strategic Alliances. Boston: Harvard Business School Press, 1991: 23 – 25.

[58] Barton D L. Wellsprings of Knowledge: Building and Sustaining the Sources of Innovation [M]. Boston, Massachusetts: Harvard Business School Press, 1995: 89 – 92.

[59] Becker W, Dietz J. R&D Cooperation and Innovation Activities of Firms-evidence from the German Manufacturing Industry [J]. Research Policy, 2004, 33 (2): 209 – 223.

[60] Bell M, Figueiredo P N. Innovation Capability Building and Learning Mechanisms in Latecomer Firms: Recent Empirical Contributions and Implication for Research [J]. Canadian Journal of Development Studies,

2012, 33 (1): 14 -40.

[61] Bower J L. Not All M&As Are Alike—and That Matters [J]. Harvard Business Review, 2001, 79 (3): 92 -101.

[62] Branstetter L. Looking for International Knowledge Spillovers: A Review of the Literature with Suggestions for New Approaches [J]. Annals of Economics and Statistics, 1998, 49: 517 -540.

[63] Briones – Pealver A J, Bernal – Conesa J A, Nieto C N. International Entrepreneurship and Management Journal [J]. 2020, 16: 595 - 615.

[64] Brunetta F, Marchegiani L, Peruffo E. When Birds of a Feather don't Flock Together: Diversity and Innovation Outcomers in International R&D Collaborations [J]. Journal of Business Research, 2020, 114: 436 - 445.

[65] Caloghirou Y, Kastelli I, Tsakanikas A. Internal Capabilities and External Knowledge Sources? Complements or Substitutes for Innovative Performance? [J]. Technovation, 2004, 24 (1): 29 -39.

[66] Camisón C, Forés B. Knowledge Creation and Absorptive Capacity: The Effect of Intra-district Shared Competences [J]. Scandinaviann Journal of Management, 2011, 27 (1): 66 -86.

[67] Caniels M C J. Knowledge Spillovers and Economic Growth: Rational Growth Differentials across Europe [M]. Cheltenham and Morthampton, MA: Edward. Elgar, 2000: 278.

[68] Cara J, Lundvall B A, Mendon S. The Changing Role of Science in the Innovation Process: From Queen to Cinderella? [J]. Technological Forecasting and Social Changing, 2009, 76 (6): 861 -869.

[69] Cellini R, Lambertini L. Dynamic R&D with Spillovers: Competition vs Cooperation [J]. Journal of Economic Dynamics and Control, 2009, 33 (3): 568 -582.

[70] Chan P S, Heide D. Strategic Alliances in Technology: Key

Competitive Weapon [J]. SAM Advanced Management Journal, 1993, 58 (9): 9-17.

[71] Chatti M A. Knowledge Management: A Personal Knowledge Network Perspective [J]. Journal of Knowledge Management, 2012, 16 (5): 829-844.

[72] Chuang Y Sh. Learning and International Knowledge Transfer in Latecomer Firms: The Case of Taiwan'S Flat Panel Display Industry [J]. IEEE Transactions on Engineering Management, 2014, 61 (2): 261-274.

[73] Cohen W M, Levinthal D A. Absorptive Capacity: A New Perspective on Learning and Innovation [J]. Administrative Science Quarterly, 1990, 35: 128-152.

[74] Cooper R G, Edgett S, Kleinschmidt E J. Portfolio Management for New Products [M]. Berkeley: Perseus Books, 2001: 78-79.

[75] Dahlander L, Gann D. Appropriability, Proximity, Routines and Innovation: How Open is Open Innovation? [R]. Denmark: Druid Summer Conference, 2007: 34.

[76] Damijan J, Rojec M. Foreign Direct Investment and Catching up of New EU Member States: is There a Flying Geese Pattern? [J]. Applied Economics Quarterly, 2007, 53 (2): 91-118.

[77] Das G G, Drine I. Distance from the Technology Frontier: How Could Africa Catch-up via Socio-institutional Factors and Human Capital? [J]. Technological Forecasting and Social Change, 2020, 150: 1-16.

[78] De Boer M. Management Organizational Knowledge Integration in the Emerging Multimedia Complex [J]. Journal of Management Studies, 1999, 36 (3): 379-398.

[79] De la Tour A, Glachant M, Meniere Y. Innovation and International Technology Transfer: The Case of the Chinese Photovoltaic Industry [J]. Energy Policy, 2011, 39 (2): 761-770.

[80] Demsetz, H. The Theory of Firm Revisited. In O. E. Williamson and Winter (Eds.), The Nature of the Firm [M]. New York: Oxford University Press, 1991: 159 - 178.

[81] DiMaggio P J, Powell W W. The Iron Cage Revisited: Institutional Isomorphism and Collective Rationality in Organizational Fields [J]. American Sociological Review, 1983, 48 (4): 147 - 160.

[82] Drejer I, Jorgensen B H. The Dynamic Creation of Knowledge: Analysing Public-pirvate Collaborations [J]. Technovation, 2005, 25 (2): 83 - 94.

[83] Drucker P F. Innovation and Entrepreneurship [M]. New York: Harper Collins, 1993: 59.

[84] Dutrenit G. Building Technological Capabilities in Latecomer Firms: a Review Essay [J]. Science, Technology & Society, 2004, 9 (2): 209 - 241.

[85] Dutta S, Narasimhan O, Rajiv S. Conceptualizing and Measuring Capabilities: Methodology and Empirical Application [J]. Strategic Management Journal, 2005, 26 (3): 277 - 285.

[86] Eisenhardt K M, Martin A. Dynamic Capabilities: What Are They [J]. Strategic Management Journal, 2000, 21 (10 - 11): 1105 - 1121.

[87] Eisenhardt K M. Building Theories from Case Study Research [J]. Academy of Management Review, 1989, 14 (4): 532 - 550.

[88] Ester R M, Assimakopoulos D, Zedtwitz M V, Yu X. Global R&D Organization and the Development of Dynamic Capabilities: Literature Review and Case Study of a Chinese High-tech Firm [J]. Journal of Knowledge-based Innovation in China, 2010, 2 (1): 25 - 45.

[89] Fagerberg J, Godinho M M. Innovation and catching-up [C] // Fagerberg J, Mowery D, Nelson R. The Oxford Handbook of Innovation. New York: Oxford University Press, 2005: 514 - 543.

[90] Fan P. Catching up Through Developing Innovation Capability:

Evidence from China's Telecom-equipment Industry [J]. Technovation, 2006, 26 (3): 359 - 368.

[91] Figueiredo P N. Beyond Technological Catch-up: an Empirical Investigation of Further Innovation Capability Accumulation Outcomes in Latecomer Firms with Evidence from Brazil [J]. Journal of Engineering and Technology Management, 2014, 31 (1 - 3): 73 - 102.

[92] Figueiredo P N. Beyond Technological Catch-up: An Empirical Investigation of Further Innovative Capability Accumulation Outcomes in Latecomer Firms with Evidence from Brazil [J]. Journal of Engineering and Technology Management, 2014, 31 (1 - 3): 73 - 102.

[93] Figueiredo P N. Discontinuous Innovation Capability Accumulation in Latecomers Natural Resource-processing Firms [J]. Technological Forecasting & Social Change, 2010, 77 (7): 1091 - 1108.

[94] Frenz M, Ieetto - Gillies G. The Impact on Innovation Performance of Different Sources of Knowledge: Evidence from the UK Community Innovation Surver [J]. Research Policy, 2009, 38 (7): 1125 - 1135.

[95] Gassmann O. Open up the Innovation Process: Towards an Sgenda [J]. R&D Management, 2006, 36 (3): 223 - 228.

[96] Gebauer, H., Worch, H. and Truffer, B. Absorptive Capacity, Learning Processes and Combinative Capabilities as Determinats of Strategic Innovation [J]. European Management Journal, 2012, 30: 57 - 73.

[97] Gebauer H, Truffer B, Binz C, Stormer E. Capability Perspective on Business Network Formation: Empirical Evidence from the Wastewater Treatment Industry [J]. European Business Review, 1989, 24 (2): 169 - 190.

[98] George G, Zahra S A, Wheatley K K, Khan R. The Effects of Alliance Portfolio Characteristics and Absorptive Capacity on Performance: A Study of Biotechnology Firms [J]. The Journal of High Technology Management Research, 2001, 12 (2): 205 - 226.

[99] Giuliani E, Bell M. The Micro – Determinants of Meso – Level Learning and Innovation: Evidence from a Chilean Wine Cluster [J]. Research Policy, 2005, 34 (1): 47 – 68.

[100] Griliches Z. The Search for R&D Spillovers [J]. Scandinavian Journal of Economics, 1992, 94: 555 – 564.

[101] Griliches Z. The Search for R&D Spillovers [J]. The Scandinavian Journal of Economics, 1992, 94: 29 – 47.

[102] Haken H. Synergetics – An Introduction [M]. Berlin: Springer – Verlag, 1977: 87.

[103] Hamel G, Prahalad C K. The Core Competence of the Corporation [J]. Harvard Business Review, 1990, May – June: 79 – 93.

[104] Hammer M. Reengineering the Corporation: A Manifesto for Business Revolution [M]. New York: HarperCollins US, 1993: 134.

[105] Hansen U E, Ockwell D. Learning and Technological Capability Building in Emerging Economies: the Case of the Biomass Power Equipment Industry in Malaysia [J]. Technovation, 2014, 34 (10): 617 – 630.

[106] Hartley J. Case Study Research [C]. Cassel C, Symon G, eds. Essential Guide to Qualitative Methods in Organizational Research. Thousand Oaks, CA: Sage, 2004: 323 – 333.

[107] Hartmann D, Zagato L, Gala P, Pinheiro F L. Why Did Some Countries Catch-up, While Others Got Stuck in the Middle? Stages of Productive Sophistication and Smart Industrial Policies [J]. SSRN Electronic Journal, 2020, 5 (4): 1: 28.

[108] Helleloid D, Simonin B. Organizational Learning and a Firm's Core Competence [C]. Hamel G, A H. Cometence – Based Competition, New York: John Wiley & Sons, 1994: 213 – 240.

[109] Hobday M, Rush H, Bessant J. Approaching the Innovation Frontier in Korea: The Transition Phase to Leadership [J]. Research Policy, 2004, 33 (10): 1433 – 1457.

[110] Hobday M. East Asian Latecomer Firms: Learning the Technology of Electronics [J]. World Development, 1995, 23: 1171 – 1193.

[111] Hobday M. East Versus Southeast Asian Innovation System: Comparing OEM – and TNC – led Growth in Electronics [C] // Kim L, Nelson R. Technology, Learning & Innovation: Experiences of Newly Industrializing Economies. Cambridge: Cambridge University Press, 2000: 129 – 169.

[112] Hobday M. Firm – level Innovation Models: Perspectives on Research in Developed and Developing Countries [J]. Technology Analysis & Strategic Management, 2005, 17 (2): 121 – 146.

[113] Howard I P, Simpson W A. Human Optokinetic Nystagmus is Linked to the Stereoscopic System [J]. Experimental Brain Research, 1989, 78 (2): 309 – 314.

[114] Huang F, Rice J. The Role of Absorptive Capacity in Facilitating "Open Innovation" Outcomes: A Study of Australian SMEs in the Manufacturing Sector [J]. International Journal of Innovation Management, 2009, 13 (2): 201 – 220.

[115] Huang J C, Newell S. Knowledge Integration Process and Dynamics within The Context of Cross-functional Projects [J]. International Journal of Project Management, 2003, 21 (4): 167 – 176.

[116] Huang K F, Yu C M J. The Effect of Competitive and Noncompetitive R&D Collaboration on Firm Innovation [J]. The Journal of Technology Transfer, 2011, 36 (4): 383 – 403.

[117] Huber G P. Organizational Learning: The Contributing Processes and the Literatures [J]. Organization Science, 1991, 2 (1): 88 – 115.

[118] Iansiti M, Clark K B. Integration and Dynamic Capability: Evidence from Product Development Inautomobiles and Mainframe Computers [J]. Industrial and Corporate Change, 1994, 3 (3): 557 – 605.

[119] Inkpen A. Learning, Knowledge Acquisition, and Strategic Alli-

ance [J]. European Management Journal, 1998, 16 (2): 223 -229.

[120] Intekhab A. Conducting Research for New Service Development in Emerging Markets [J]. Journal of Services Research, 2014, 14 (1): 183 -201.

[121] Ipe M. Bhopal Gas Tragedy: Lessons for Corporate Social Responsibility [J]. Social Responsibility Journal, 2005, 1 (3/4): 122 -141.

[122] Jacobs W, Notteboom T. An Evolutionary Perspective on Regional Port Systems: The Role of Windows of Opportunity in Shaping Seaport Competition [J]. Environment and Planning, 2011, 43 (A): 1674 -1692.

[123] Jin X, Rong Y M, Zhang X. Wind Turbine Manufacturing Industry in China: Current Situation and Problems [J]. Renewable and Sustainable Energy Reviews, 2014, 33 (3): 729 -735.

[124] Keller W. International Technology Diffusion [J]. Journal of Economic Literature, 2004, 42 (3): 752 -782.

[125] Kim L. Imitation to Innovation: The Dynamics of Korea's Technological Learning [M]. Boston, MA: Harvard Business School Press, 1997: 89.

[126] Kogut B, Zander U. Knowledge in the Firm, Combinative Capabilities and the Replication of Technology [J]. Organization Science, 1992, 3 (3): 383 -397.

[127] Kogut B, Zander U. Knowledge of The Firm and The Evolutionary Theory of the Multinational Corporation [J]. Journal of International Business Studies, 1993, 24 (4): 625 -645.

[128] Kumaraswamy A, Mudambi R, Saranga H, Tripathy A. Catch-up Strategies in the Indian Auto Components Industry: Domestic Firms' Responses to Market Libralization [J]. Journal of International Business Studies, 2012, 43 (4): 368 -395.

[129] Lamin A, Livanis G. Agglomeration, Catch-up and the Liability of Foreignness in Emerging Economies [J]. Journal of International Business Studies, 2013, 44 (6): 579 - 606.

[130] Lawrence T B, Hardy C, Phillips N. Institutional Effects of Inter-organizational Collaboration: The Emergence of Proto-institutions [J]. Academy of Management Journal, 2002, 45 (1): 281 - 290.

[131] Lee K, Lim C. Technological Regimes, Catching-up and Leap-frogging: Findings from The Korean Industries [J]. Research Policy, 2001, 30 (3): 459 - 483.

[132] Lee K, Park T Y, Krishnan R T. Catching-up or Leapfrogging in The Indian IT Service Sector: Windows of Opportunity, Path-creating, and Moving up the Value Chain [J]. Development Policy Review, 2014, 32 (4): 495 - 518.

[133] Lichtenthaler U, Lichtenthaler E. A Capability-based Framework for Open Innovation: Complementing Absorptive Capacity [J]. Journal of Management Studies, 2009, 46 (8): 1315 - 1338.

[134] Liefner I, Hennemann S. Structural Holes and New Dimensions of Distance: The Spatial Configuration of the Scientific Knowledge Network of China's Optical Technology Sector [J]. Environment and Planning, 2011, 43 (4): 810 - 829.

[135] Li J, Kozhikode R K. Knowledge Management and Innovation Strategy: the Challenge for Latecomers in Emerging Economies [J]. Asia Pacific Journal of Management, 2008, 25 (3): 429 - 450.

[136] Lin L Y, Lo Y J. Knowledge Creation and Cooperation between Cross-nation R&D Instutes [J]. International Journal of Electronic Business Management, 2010, 8 (9): 9 - 19.

[137] Liu X, Hodgkinson J R, Chuang F M. Foreign Competition, Domestic Knowledge Base and Innovation Activities: Evidence from Chinese High-tech Industries [J]. Research policy, 2014, 43 (2): 414 - 422.

[138] Lomi A, Larsen E R. Dynamics of Organizations: Computational Modeling and Organization Theories [M]. Mit Press, 2001: 258 – 296.

[139] Loukil K. The Impact of R&D Collaboration on Technological Innovation in European Countries [J]. Academic Journal of Economic Studies, 2018, 4 (4): 34 – 41.

[140] Lundvall B A, Lorenz E, Drejer I. How Europe's Economies Learn [R]. Report for the Loc Nis Policy Workshop, 2004: 23.

[141] MacDougall G D A. The Benefits and Costs of Private Investment from Aboard: A Theory Approach [Z]. Economic Record, 1960, 22 (3): 189 – 211.

[142] Makela K, Kalla H K, Piekkari R. Interpersonal Similarity as a Driver of Knowledge Sharing Within Multinational Corporations [J]. International Business Review, 2007, 16: 1 – 22.

[143] Maria S R, Florian T, Nicolas A Z. A Closer Look at Cross-functional R&D Cooperation for Innovativeness: Innovation-oriented Leadership and Human Resource Practices as Driving Forces [J]. Journal of Product Innovation Management, 2014, 31 (5): 924 – 938.

[144] Marjolein C J, Caniels B V. Barriers to Knowledge Spillovers and Regional Convergence in an Evolutionary Model [J]. Journal of Evolutionary Economics, 2001, 11 (3): 307 – 329.

[145] Marschan – Piekkari R, Welch C, Penttinen H, Tahvanainen M. Interviewing in the Multinational Corporation: Challenges of the Organizational Context [C]. Marschan – Piekkari R, Welch C, eds. Handbook of qualitative Research Methods for International Business. Cheltenham: Edward Elgar, 2004: 254.

[146] Mathews J A, Cho D S. Combinative Capabilities and Organizational Learning in Latecomer Firms: The Case of The Korean Semiconductor Industry [J]. Journal of World Business, 1999, 34: 139 – 156.

[147] Mathews J A. Competitive Advantages of the Latecomer Firm: A

Resource Based Account of Industrial Catch-up Strategies [J]. Asia Pacific Journal of Management, 2002, 19 (4): 467 - 488.

[148] McGrath M E. Setting the PACE in Product Development: A Guide to Product and Cycle-time Excellence [M]. New York: Routledge, 1996: 58.

[149] McKee D. An Organizational Learning Approach to Product Innovation [J]. Journal of Product Innovation Management, 1992, 9 (3): 232 - 245.

[150] Muthesius S. The Post - War University: Utopia nist Campus and College [M]. New Haven, Connecticut: Yale University Press, 2001: 302.

[151] Narula R, Hagedorn J. Innovating through Strategic Alliances: Moving towards International Partnerships and Contractual Agreements [J]. Technovation, 1999, 19: 283 - 294.

[152] Nicotra M, Romano M, Del Giudice M. The Evolution Dynamics of A Cluster Knowledge Network: The Role of Firms' Absorptive Capacity [J]. Journal of the Knowledge Economy, 2014, 5 (2): 240 - 264.

[153] Niosi J, Reid S E. Biotechnology and Nanotechnology: Science-based Enabling Technologies as Windows of Opportunity for LDCs? [J]. World Development, 2007, 35 (3): 426 - 438.

[154] Nonaka I, Takeuchi H. The Knowledge - Creating Company [M]. New York: Oxford University Press, 1995: 102 - 124.

[155] O'Dell C, J Grayson J. Knowledge Transfer: Discover Your Value Proposition [J]. Strategy & Leadership, 1999, 27 (2): 10 - 15.

[156] Okamuro H, Kato M, Honjo Y. Determinants of R&D Cooperation in Japanese Start-ups [J]. Research Policy, 2011, 40 (5): 728 - 738.

[157] Okamuro H, Kato M, Honjo Y. Determinants of R&D Cooperation in Japanese Start-ups [J]. Research Policy, 2011, 40, (5): 728 - 738.

[158] Park J, Hunting S. XML Topic Maps: Creating and Using Topic Maps for the Web [M]. Massachusetts Boston, USA: Addison – Wesley Professional, 2002.

[159] Park K H, Lee K. Linking the Technological Regime to the Technological catch-up: Analyzing Korea and Taiwan Using the US Patent Data [J]. Industry and Corporate Change, 2006, 15 (4): 715 – 753.

[160] Pauwels P, Matthyssens P. The Architecture of Multiple Case Study Research in International Business [C]. Marschan – Piekkari R, Welch C, eds. Handbook of Qualitative Research Methods for International Business. Cheltenham: Edward Elgar, 2004: 125 – 143.

[161] Plummer L A, Acs Z J. Localized Competition in the Knowledge Spillover Theory of Entrepreneurship [J]. Journal of Business Venturing, 2014, 29 (1): 121 – 136.

[162] Polanyi M. Personal Knowledge: towards a Post – Critical Philosophy. London: Routledge & Kegan Paul, 1958: 99 – 115.

[163] Quan X H, Chesbrough H. Hierarchical Segmentation of R&D Process and Intellectual Property Protection: Evidence from Multinational R&D Laboratories in China [J]. IEEE Transactions on Engineering Management, 2010, 57 (1): 9 – 21.

[164] Rempel J K, Holmes J G. How Do I Trust Them [J]. Psychology Today, 2006, 20 (2): 28 – 34.

[165] Rémy E, Kopel S. Social Linking and Human Resources Management in the Service Sector [J]. Service Industries Journal, 2002, 22 (1): 35 – 56.

[166] Rosenberg. Why Are Americans Such Poor Imitators [J]. American Economy Review, 1988, 78: 229 – 234.

[167] Sarrafzadeh M, Martini B, Hazeri A. Knowledge Management and its Potential Applicability for Libraries [J]. Library Management, 2010, 31 (3): 198 – 212.

［168］Sastry M A. Problems and Paradoxes in a Model of Punctuated Organizational Change［J］. Administrative Science Quarterly, 1997, 23 (3): 237 -275.

［169］Shane S. Prior Knowledge and the Discovery of Entrepreneurial Opportunism［J］. Organization Science, 2000, 11 (4): 448 -469.

［170］Shan J, Jolly D. Accumulation of Technological Innovation Capability and Competitive Performance: a Quantitive Study in Chinese Electronic Information Industry［J］. International Journal of Innovation and Technology Management, 2012, 9 (5): 8 -11.

［171］Shearmur R, Doloreux D, Laperriere. Is the Degree of Internationalization Associated with the Use of Knowledge Intensive Services or with Innovation?［J］. International Business Review, 2015, 24 (3): 457 -465.

［172］Silverman D. Doing Qualitative Research: A Practical Handbook［M］. London: Sage Publications Ltd, 2013: 87.

［173］Slater S, Narver J. Market Orientation and the Learning Organization［J］. Journal of Marketing, 1995, 59 (3): 63 -74.

［174］Smith A D, Zeithaml C. Garbage Cans and Advancing Hypercompetition: The Creation and Exploitation of New Capabilities and Strategic Flexibility in Two Regional Bell Operating Companies［J］. Organization Science, 1996, 7 (Jul/Aug): 338.

［175］Szulanski G. The Process of Knowledge Transfer: A diachronic Analysis of Stickiness［J］. Organizational Behavior and Human Decision Processes, 2000, 82 (1): 9 -27.

［176］Tang M F, Hussler C. Betting on Indigenous Innovation or Relying on FDI: the Chinese Strategy for Catching-up［J］. Technology in Society, 2011, 33 (1 -2): 23 -35.

［177］Tsai C M. Integrating Intra-firm and Inte-firm Knowledge Diffusion into the Konwledge Diffusion Model［J］. Expert Systems with Applications, 2008, 34 (2): 1423 –1433.

[178] Ullman D G. The Mechanical Design Process [M]. New York: McGraw – Hill Higher Education, 2009: 211 –234.

[179] Vanhaverbeke W, Gilsing V, Beerkens B. Duysters G. The Role of Alliance Network Redundancy in The Creation of Core and Non-core Technologies [J]. Journal of Management Studies, 2009, 46 (2): 215 –244.

[180] Voss C, Tsikriktsis N, Frohlich M. Case Research in Operations Management [J]. International Journal of Operations & Production Management, 2002, 22 (2): 195 –219.

[181] Wang F, Chen J, Wang Y, Ning L, Vanhaverbeke. The Effect of R&D Novelty and Openness Decision on Firms' Catch-up Performance: Empirical Evidence from China [J]. Technovation, 2014, 34 (1): 21 –30.

[182] Wang S, Noe R A. Knowledge Sharing: A Review and Directions for Future Research [J]. Human Resource Management Review, 2010, 20 (2): 115 –131.

[183] West J, Gallagher S. Patterns of Open Innovation in Open Source Software [C]. Chesbrough H, Vanhaverbeke W, West J, eds. Open Innovation: Research a New Paradigm, Oxford: Oxford University Press, 2006: 261.

[184] West J. Does Appropriability Enable or Retard Open Innovation? [C] // Chesbrough H, Vanhaverbeke W, West J, eds. Open Innovation: Research a New Paradigm, Oxford: Oxford University Press, 2006: 109 –133.

[185] Westney D E, Sakakibara K. The Role of Japan-based R&D in Global Technology Strategy in M. Hurowitch (ed). Technology in the Modern Corporation [M]. London: Pergamon, 1986: 217 –232.

[186] Wu Ch – Y, Mathews J A. Knowledge Flows in the Solar Photovoltaic Industry: Insights from Patenting by Taiwan, Korea, and China [J].

Research Policy, 2012, 41 (3): 524 – 540.

[187] Yam R C M, Lo W, Tang E P Y, Lau A K W. Analysis of Sources of Innovation, Technological Innovation Capabilities, and Performance: an Empirical Study of Hong Kong Manufacturing Industries [J]. Research Policy, 2011, 40 (3): 391 – 402.

[188] Yang H, Phelps C, Steensma H K. Learning from what Others have Learned from You: The Effects of Knowledge Spillovers on Originating Firms [J]. Academy of Management Journal, 2010, 53 (2): 371 – 389.

[189] Yin R K. Case Study Research: Design and Methods [M]. Thousand Oaks, CA: Sage, 2003: 143.

[190] Yoo I, Hu X, Song I Y. A Coherent Graph-based Semantic Clustering and Summarization Approach for Biomedical Literature and a new Summarization Evaluation Method [J]. BMC Bioinformatics, 2007, 8 (SUPPL. 9): S4.

[191] Yu S H. Social Capital, Absorptive Capability, and Firm Innovation [J]. Technological Forecasting & Social Change, 2013, 80 (7): 1261 – 1270.

[192] Zahra S A, George G. Absorptive Capacity: A Review, Reconceptualization, and Extension [J]. Academy of Management Review, 2002, 27 (2): 185 – 203.

[193] Zhang H, Shi Y, Liu J, Wu X. How do Technology Straegies Affect the Catch-up Progress of Hightech Latecomers? Evidences from Two Chinese Research-institute-transformed Telecommunications Firms [J]. Journal of Business Research, 2021, 122 (C): 805 – 821.